尽善尽美　　弗求弗迪

美迪润禾书系

妈妈不生气:
亲子关系中妈妈的情绪调节艺术

Я злюсь! и имею право

[俄] 丽季娅·帕尔希其卡（Лидия Пархитько） 著
周淑娟 译

电子工业出版社
Publishing House of Electronics Industry
北京·BEIJING

© Lydia Parhitko, 2020
First published by Eksmo Publishing House in 2020
The simplified Chinese translation rights arranged through Rightol Media
（本书中文简体版权经由锐拓传媒取得，Email:copyright@rightol.com）
本书简体中文版专有翻译出版权由Eksmo Publishing House通过锐拓传媒授予电子工业出版社。未经许可，不得以任何手段和形式复制或抄袭本书内容。版权所有，侵权必究。

版权贸易合同登记号 图字：01-2022-6126

图书在版编目（CIP）数据

妈妈不生气：亲子关系中妈妈的情绪调节艺术 /（俄罗斯)丽季娅·帕尔希其卡著；周淑娟译．—北京：电子工业出版社，2023.3
（美迪润禾书系）
ISBN 978-7-121-44989-5

Ⅰ.①妈… Ⅱ.①丽… ②周… Ⅲ.①家庭教育 Ⅳ.①G78

中国国家版本馆CIP数据核字（2023）第017573号

责任编辑：黄益聪
印　　刷：三河市兴达印务有限公司
装　　订：三河市兴达印务有限公司
出版发行：电子工业出版社
　　　　　北京市海淀区万寿路173信箱　邮编：100036
开　　本：880×1230　1/32　印张：8.75　字数：154千字
版　　次：2023年3月第1版
印　　次：2023年3月第1次印刷
定　　价：59.00元

凡所购买电子工业出版社图书有缺损问题，请向购买书店调换。若书店售缺，请与本社发行部联系，联系及邮购电话：(010) 88254888，88258888。
质量投诉请发邮件至zlts@phei.com.cn，盗版侵权举报请发邮件至dbqq@phei.com.cn。
本书咨询联系方式：(010) 57565890，meidipub@phei.com.cn。

通过这本书您可以了解到

- 您为什么生孩子的气？
- 如何走出"生气—内疚"的无尽循环并学会接受自己？
- 如何和自己的情感和平共处并为其找到支点，而不是让其成为影响您与孩子关系发展的绊脚石？
- 每个妈妈在心理上都有哪些阴暗面？如何利用这些阴暗面？
- 父母的生气情绪对孩子意味着什么，会怎样影响孩子的成长？
- 如何正确回应孩子激烈的情感，如何做到不对孩子的行为感到生气？
- 如何在不给孩子带来消极影响的前提下表达自己的生气情绪？

目 录

序　　　　　　　　　　　　　　　　　　　XI
前言　　　　　　　　　　　　　　　　　　XV

第一部分 我们想要什么?　　　　　　　001

第一章　A点：起点　　　　　　　　　　　002
第二章　B点：目标　　　　　　　　　　　012
第三章　一路上有什么可以帮助我们?　　　023
　　　　关注　　　　　　　　　　　　　　025
　　　　习惯　　　　　　　　　　　　　　028
　　　　帮助　　　　　　　　　　　　　　032
　　　　感激　　　　　　　　　　　　　　034
　　　　求助其他有效的资源　　　　　　　036
第四章　谁会一直陪伴和支持我们?　　　　039
　　　　结论　　　　　　　　　　　　　　049

第二部分
生气是为了拯救妈妈 051

第五章　小女孩的故事 056
无意识恐惧 058

第六章　我们为什么会充满憎恨？ 067
不要喊叫！ 069
阴影 072

第七章　当我做了妈妈以后…… 081
孩子偷走了我的身体 083
孩子偷走了我的平静 087
孩子剥夺了我的本质 089
孩子让我想起自己的伤口 092
孩子让我产生了内疚感 094
孩子偷走了我的童年 096
结论 098

第三部分
如何正确回应孩子的情感？ 101

第八章　暴力经历 102
"这有什么大不了的呢？" 103
"我将来一定不会像我父母那样……" 105
究竟不应该做什么呢？ 108

第九章	我是妈妈，我的感觉是对的	110
第十章	四步法	119
	我理解发生在你身上的一切	119
	第一步：说出来	125
	第二步：附和	136
	第三步：度量	148
	第四步：表达	153
	结论	158

第四部分
生气是孩子发展的推动力 161

第十一章	孩子，我是一个独立的人	163
	生气孕育平静	168
	生气孕育信任	176
	生气有助于孩子的发展	183
第十二章	极端措施	194
	迫不得已的反应	198
	让自己停下来的办法	203
	将损失降到最小	209
	结论	219

5 第五部分
创造力是暴力的对立面 　　　　　　221

第十三章　情感的无害表达　　　　　　222

第十四章　防止敌意的游戏　　　　　　226
　　　　　"饼"游戏　　　　　　　　　226
　　　　　"我是一只愤怒的熊"游戏　　234
　　　　　"情绪红绿灯"游戏　　　　　236
　　　　　角色扮演游戏　　　　　　　238
　　　　　本能的创造性游戏　　　　　242

第十五章　"禁止和允许并行"原则　　　245
　　　　　"攻击"游戏　　　　　　　　247
　　　　　"起外号"游戏　　　　　　　249
　　　　　结论　　　　　　　　　　　251

结　语　　　　　　　　　　　　　　　253

致　谢　　　　　　　　　　　　　　　256

序

我叫丽季娅。

我很高兴您正在阅读我的这本书。

我的成长过程和与我同一时代的大多数女孩子一样，那时，并非所有的爸爸妈妈都知道如何正确对待自己的孩子，生活条件也没有好到可以让他们彰显自己最好的养育能力。也并非每个人都能从母亲那里获得将来可以轻松传递给自己孩子的那种至关重要的温情、关爱、关心和支持。对许多人而言，这本来是一个很自然的过程，但现在却成了一种真正的考验。

我是从考入心理学系后开始从事心理学研究的，与此同时，我还在幼儿园、学前机构、家庭中心兼职，附带着又获得了很多心理治疗方面的经验。从那时起，我遇到了很多人，有大人物，也有普通人，我也终于明白，每个人的道路都是艰难而独特的。我不知道您的生活是如何开始的，您遇到了哪些困难，您该怎么从内心深处走出来，因为每个女人都有很多自己的秘密。但是现在我们在此相遇，我相信，我们的相遇绝非偶然。

请想象一下，此时此刻的您，正置身于一片魔法森林中。让您来到这里的理由，可能是出于长期以来对母性温情的渴望，可能是对孩子健康成长的焦虑，可能是想要成为世界上最好母亲的愿望，也可能仅仅是需要支持。不管怎样，我都诚挚地欢迎您，而且我承诺一定会帮助您。我会很谨慎，请您尽量敞开心扉。我们将会遇到让您震惊的强大的"恶龙"和我们内心中的"小女孩"，但绝不是你日常面对的堆积如山的脏碗碟、乱七八糟的洗衣房、超出预计的水电费或毫无头绪的 Excel 工作表。

我会利用隐喻及枯燥的事实，并参考现有的心理学理论和生活中的例子，以最容易理解的方式，全方位向您展示了解自己的可能途径。我不希望这本书只是一本关于如何教育孩子的教程。或许，您已经阅读了很多类似的高水平书籍。我的目的是和您一起穿越魔法森林，在灌木丛中探索您未知的情感，以便在您的内心中为它们找到一个更合适的地方。我相信，它们早就存在并蠢蠢欲动，否则您就不会打开我的这本书了。

如果把母亲的能力比喻成一台大型机械，那这本书就是整个协调工作中的一颗小螺丝钉。"母亲的能力"是一个复杂的词，其中包括您的直觉、对个人经历的认识及对自己的能力的信任。了解和喜爱的人才值得信任，因此，我的逻辑就是，通过认识自己和了解自己隐藏的情感，引导您采纳日常生活中可以使用的具体方法。

交谈对我来说非常重要。在心理治疗的过程中，与患者谈话时，我习惯注视对方的眼睛并关注他情绪的变化。心理治疗师的职业就是这样的。但是，我承认，我现在感到有点困难，因为我看不到您的感受和反应，但我会凭借自己的经验和经历，达到与您心灵沟通的效果。请和我交流吧！我们一起感受，一起反思，一起争论，一起生气吧！您可以想象，也可以实际操作：给我写信，向我提问。只有这样，很多案例才能深入人心，才能达到治愈的效果。这本书就是我和您的对话,也是我们共同要走的道路。祝您一路顺风!

丽季娅

前 言

当孩子降临到这个世界时,您还有什么是没有准备好的呢?

有一次,我在自己有关亲子关系的博客上提出了这个让人惊讶的问题。

孩子是无法预知的生命,他们的到来是随心所欲的。

有些孩子选择了信心满满且已做好充分准备的父母:妈妈们上着育儿培训班,迫不及待地期盼着孩子的到来。她们有深爱自己的丈夫和愿意为子女牺牲自己的父母。家里已经布置好了儿童房,网上购物车里装满了漂亮的东西,床头柜上摆满了大枣、鲱鱼、牛油果和育儿书籍……

或者,妈妈们还要上班,下班后还要去参加业务提高的培训,之后去健身房,如果时间来得及,还会去看看妇科医生,然后才回家。

妈妈不生气：亲子关系中妈妈的情绪调节艺术

或者，妈妈们生活在离故乡很远的城市，内心满是惆怅，她们没有健身房，也没有工作，只有丈夫、电视和周五才能喝到的啤酒。

或者，妈妈还是一个 16 岁的小公主[1]，还会不戴帽子就走在严寒中，可能还会用舌头捕捉雪花，甚至心里还总是惦念着同年级的小男孩。她还自信地认为，23 岁的自己会自豪地领着儿子去上一年级。

情形虽然各不相同，但眼前却面临着同样的局面：孩子就要出生了。

而且，无论是什么类型的妈妈，成熟的、年轻的、负责的、粗心大意的、快乐的、悲伤的、离异的、热衷事业的、有前途的，她们似乎都没有做好迎接这种变化的准备。

我发帖后，妈妈们用聊天工具给我发了语音信息。我听得很认真，心潮澎湃，身体如同灌了铅一样沉重。虽然我很辛苦，但相比那些发来语音信息的人，这又算得了什么呢？我们随处可见养育孩子的美好和快乐，也总是知道与孩子相处是一件多么美妙而快乐的事情，但在社交网络另一端的妈妈们的留言却让我印象深刻：

"虽然一切都是计划好的，但我还是没有为孩子的出

---

1 俄罗斯法定结婚年龄最低可以是 14 周岁。

前 言

生做好准备。这太奇怪了,真是太奇怪了!随着孩子的出生,我的生活发生了天翻地覆的变化,是的!首先,我对自己充满了失望、怨恨和愤怒。现在的我对孩子有一种奇怪的态度,他有时会激发我最消极的恶劣情绪。我不知道为什么,我甚至感觉我并不喜欢他——这才是最糟糕的事情。"

有一些消息发送后随即被删除了。恐怕,其中包括类似的文字:

"我想揍我的孩子,想狠狠地揍我的女儿和儿子一顿。四岁半的女儿非常调皮,我快要气死了,太烦了。我不想和她一起玩,只想让她整天待在花园里。我也不理解,小儿子才一岁半,可他为什么却一直在考验我的耐心:一会儿摔倒在地,一会儿在沙子里爬来爬去,把沙子倒在自己身上。我太生气了,想打他,冲他大喊。我感觉自己很无助。"

因为觉得羞愧,所以妈妈们觉得自己没有权利对孩子生气,也没有权利感到疲倦、烦躁、软弱,不能不开心,不能生病,也不能抑郁——其实这一切都是您的臆想!"只能勇敢,只能向前冲!"社会,还有我们的内心,都在逼迫我们。

"由于激素的变化,头几个月我不让任何人靠近我,我也不接受任何人的帮助，我的问题很严重，我觉得我可能是得了产后抑郁症。我和丈夫、母亲、婆婆也谈过。我说，我可能需要专家的帮助，但他们却毫无怜悯之心地认为这是无稽之谈。

"孩子出生了，但我现在感到很空虚。我没有办法相信孩子已经出生，他已经不在我的肚子里了。我的家人不能理解我，也没有给予我所需要的情感支持。几个月后，我才意识到自己患了抑郁症。"

曾有几个患产后抑郁症的女性来找我进行心理治疗。初来我这里时，她们几乎每个人都很害怕提到"抑郁"这个词。她们说话时会小心翼翼，特别在意选择一种适当的表达方式，以免让人觉得不正常。为了保持幸福而知足的母亲形象，我们都不敢向他人倾诉身体的劳乏和内心的空虚。

"在我生完孩子的第一年里，我时常会想，为什么没有人提前告诉我带孩子会这么难？！我觉得，我被所有孩子的女人骗了！要是有人提醒我该多好啊……真是太难了，简直就是身心的双重折磨，压根闲不下来啊。不停地喂奶，晚上还睡不好觉。即使过了这段艰难的时期，我仍然会担心，我想知道，这样的日子我得过到什么时候？！

"我还没做好准备，女儿就已经彻底改变了我的生活。

我节食，为她付出一切。我迷失了自我，完全为她而活。对于她的任性、歇斯底里和喊叫我感到很恼火。我想用手捂住耳朵，想逃跑。她让我看到了自己内心的丑陋，但我并没做好接受内心丑陋的准备。"

当妈妈内心恐惧时，当她的愤怒从内心爆发时，以及当她被"错误"的内疚感淹没时，她会向别人倾诉吗？不，不会的。

还有什么呢？需要在图片墙上晒孩子第一次蹒跚学步或沾满冰淇淋的快乐的脸。但后来，妈妈自己却因为冰淇淋而滑倒了，她跑进浴室大哭，哭自己因为孩子无休止的喊叫而失控打了孩子。这种事不可能向任何人倾诉，只能默默地大哭：我一定伤了孩子的心，我肯定是地球上最可恶的妈妈。

"家里总是有人哭，要么是孩子，要么是我。我不知道该怎么办。最初是我在冲他们大喊，后来又因此而责备自己。最近我甚至动手打了他们，然后我就彻夜难眠了。

"让我无法接受的是这种持续的内疚感。我总是认为自己做得不对或将会做得不对。我很沮丧并因此对自己感到更失望。"

我们一直认为自己很了解自己，其实这是一个很大的误区。孩子的出生就是最重要的证明。在此之前我们无法

妈妈不生气：亲子关系中妈妈的情绪调节艺术

判断内心的"恶龙"和恶魔究竟有多大的能量，也不知道它们都意味着什么，现在才明白它们会伴随爱和温柔一起出现。当和这些"恶龙"和恶魔相遇时，我们会觉得内疚，然后想不断去纠正，想变得更好，想符合理想的标准。

"随着女儿的降生，问题便开始不断出现了，它们妨碍我和孩子融为一体。我觉得我做得不够，给予她的也不够，之后我就开始自我批评。我无论是面对孩子还是面对自己都感到很内疚。当发现自己怀孕时，我还有一点成就感，但真正做了妈妈之后，我却一直在退步，很难回到正常状态。怎么办？我不知道应该怎么办。

"我内心满是愤怒和敌意。按理说我应该对孩子感到内疚，我应该让他冷静下来，去拥抱他，但我却无能为力。我生自己的气，也生丈夫的气，更为我们关系的变化而生气。一想到我还没有为孩子的出生做好准备，我不想要，我是被迫的，我就一直恨得咬牙切齿。但是并没有人强迫我怀孕并为此付出一切啊。"

如何抑制这种强大而奇怪的情绪？请回忆一下当年您怀抱婴儿，嗅着他的体味，面对他微笑的那一时刻。当他把小手伸向您的脸庞时，您的内心是如此柔软和开心，这难道不是一种奇妙的快乐吗？但是在对孩子爱的光芒中，每个妈妈都看到了阴影。您意识到生活已经彻底改变了，

前言

您再也不属于您自己了。

"孩子的叫喊声、闹人、眼泪、在地板上打滚以及各种要求让我心力交瘁。真希望能为自己做点什么。我这一辈子都是在满足别人的要求：女儿、儿子、丈夫。我生气的是，我没为自己想过任何事情。我总是被排在最后一位。"

我这本书的任务是"了解"和"解决"。每个妈妈都有权做自己并信任自己的感受，因为在您的内心中其实已经有了所有问题的答案，我们需要做的是发现问题，弄清问题，不要被问题吓倒。

我想和您一起去了解我们最丑陋的一面。要明白，这就是我们。是的，妈妈也会生气，会埋怨，会大喊大叫，也有脆弱和软弱的时候，也需要帮助和支持。妈妈总是担负着无法完美完成每件事的罪恶感和负担，她也有情绪，这是她的权利。要知道，任何事物，一旦获得了生存权，就不会再去抗争和证明自己的存在感了。

未知的"恶龙"会杀死我们，而被驯服的"恶龙"就在眼前，它会守护我们的爱。

第一部分
我们想要什么?

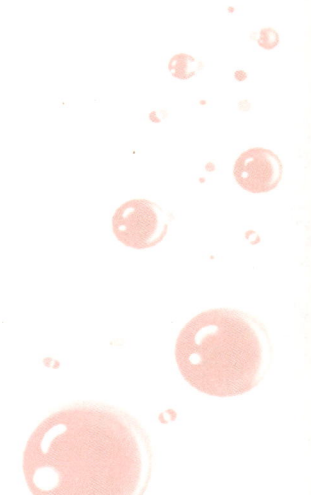

第一章
A点：起点

读书意味着花费宝贵的时间，因此我并不想让读者朋友们白白浪费时间。在这个时间您原本可以喝一杯咖啡，浏览一下最新的新闻或者干一些更有意义的事情，譬如熨衣服、陪孩子……总之，能做的事情有很多，但是您却让自己读书，这里的关键词是"让"。

让自己读书、思考，并在此过程中注重自身的感受，这是最重要的。审视自我并扪心自问"我究竟是怎么了？"，这需要很大的勇气。安装心灵的导航仪，它会在您处于关键节点时帮您指引方向。在心理治疗时，所有的工作都是从问题开始的。心理咨询师会让您思考：您在担心什么？

第一部分　我们想要什么？

为什么它会让您自我反省？对于任何一个过程而言这都是非常重要的阶段。只有当我们知道自己所处的位置并明确自己忧心忡忡的东西究竟为何物时，我们才能前行。

我建议您现在就认真审视一下自我：您在自己的内心世界中看到了什么？您为什么会愿意思考"愤怒"这一话题并试图搞清楚它？请倾听一下自己的心声，回想一下那些有助于勾起您回忆的情景。

首先，我们会说是爱，否则我们的孩子就不会来到这个世界，我们的生活也不会发生如此翻天覆地的变化。我们对孩子的爱是不容置疑的，但我们的任务是审视我们内心的最深处。我们不喜欢这样做，是因为我们并不明确接下来应该怎么做，我们可以向谁倾诉。而且，我们内心最阴暗的部分往往会在我们最不愉快的时刻表现出来，比如当精力消耗殆尽时，我们就会变得软弱、无助。我们更期待这样的时刻赶紧过去，然后能够继续生活。尽管，这一想法看上去似乎是最可行的，也是最理所应当的，但是，很遗憾，它往往没有任何意义。

通常妈妈会分享以下心路历程。

"我冲孩子喊了。"

虽然羞于承认，但是很多人的确都是这么做的。当孩子把家里的玩具弄乱,把盘子里的饭菜打翻,把身上的衣服弄脏(妈妈为此已经说了很多遍了)时,妈妈就会大发雷霆、喋喋不休。

"我对孩子动手了。"

妈妈总是说:"我当然不会打自己的孩子,我只不过是骂了他两句。"因为妈妈知道,童年挨打是非常痛苦和难受的经历,任何暴力行为都会受到文明社会的谴责,但是,妈妈仍然会动手。当愤怒冲昏头脑时,妈妈就无法控制自己了,只想抓着孩子的肩膀,打他的屁股,但是打完之后,妈妈又会陷入无尽的自责之中。

"你离我远点。"

有时孩子会非常依赖妈妈。一听到孩子无休止地喊"妈妈,妈妈……",妈妈就忍不住想跑掉,想藏起来,不想看见孩子,也不想听见他的声音,甚至想逃离这个世界。但是,每当您忍不住责骂孩子,用力甩开孩子紧抓着您的双手时,其实,这一刻就代表着您已经失控了。

"埋怨孩子。"

当孩子说"我自己来""你是一个坏妈妈""我不爱你

了"这些话时，妈妈就会觉得非常痛心：怎么会这样呢？我辛辛苦苦地付出换来的就是这些吗？这时妈妈就会忘记，这是孩子成长过程中的重要时刻，我们需要忍受孩子的情绪变化，从各个方面表现出您对他无条件的爱。埋怨会让人丧失思考的能力，从而产生唯一的想法，就是放弃和逃离："那你就给自己再找一个妈妈吧！你就由着你的性子来吧！"

"我成了妈妈的样子。"

童年的记忆如此难忘！随着时间的流逝，即使记忆中的细节会淡化，但和妈妈相关的那些事情总是会记忆深刻。所以，当我们长大成人后，我们会发誓说："我一定会成为另外一个人，一个更好的人。"但现在我们明白了妈妈的话：我们也骂人，也犯同样的错误。这是一种毫无出路的恶性循环。女人们认为，她们永远不可能成为一个好妈妈。虽然想法不同，但最后结论完全一样：我永远不可能比妈妈更正确。

"我真羡慕那些事业有成的妈妈们。"

图片墙上这样的例子太多了！她们漂亮、成功，有自己的事业，在职业领域中实现了自我；既懂心理学也懂现代艺术,还知道腌黄瓜的方法;了解依恋理论和积极心理学理论;有光洁的皮肤、积极的思维和和谐的性生活;自己带着两三个孩子,还不用请保姆。一个正常的妈妈看着自己的睡衣和被孩子画得乱糟糟的墙壁,心里就会想:"生活一塌糊涂到如此地步,我永远也不可能成为这样的人。"

"我害怕自己的孩子。"

由于疲劳和内心的紧张,世界似乎也变得更加令人愤怒和无趣。感觉丈夫整天游手好闲,家就像是一座监狱,孩子也老是惹人生气,恣意妄为。妈妈内心就会产生恐惧:一会儿他就会大声哭喊,他不想睡觉,他会把玩具扔得到处都是,他会再次受伤,他简直不给妈妈一点时间和空间。妈妈内心很恐慌,因此在大多数情况下都会用一种敌视的态度来看待眼前的危局。

"我老是生孩子的气。"

我也想要平静和快乐,也想面带微笑,温柔地面对孩子和丈夫,但事与愿违,当内心炸锅的时候便无法忍受身边的所有人。现在除了无助和面对一次次崩溃后的内疚,哪还有什么冷静可言?可能,明天一切都会好起来的,只要多一点宽容,只要明白,他还只是个孩子,还无法控制

第一部分 我们想要什么？

自己的行为，我就不会再生气了。但又一个不眠之夜过后，一切一如既往："你都干了些什么啊？！把它给我放回原位！老老实实坐着！我都说多少遍了！你是不是故意不听我说话？！"

"有时我怀疑我是否需要家庭。"

有时，我们内心深处会无比怀念以前的生活。和丈夫刚刚认识或从大学刚刚毕业时，那时的生活轻松惬意且无忧无虑，充满快乐、成就和实现自我的机会。您可以去探险或参加会议，去夜店或环游世界。而现在呢？现在，周二和周四要带孩子去婴儿俱乐部，这可是您能够读书的唯一机会，但这唯一的机会还只能是在走廊里，而且前提是在走廊里待着不会让你冻得流鼻涕。

"我感觉不能实现自我。"

更多的时候，这样的想法会出现在晚上。当孩子睡着以后，妈妈每每在洗漱刷牙时，看着镜子里的自己，就会用自己已经习惯的语调一遍遍地问自己："接下来应该怎么办呢？"产假就要结束了，很快就要上班了。可我的脑海里除了儿歌"穿过田地，穿过田地，一辆蓝色拖拉机向我们走来"，什么有用的技能都没有。一想到自己是否还能够融入现在的世界,这个世界是否能够再次接纳自己,心里就真的感觉很害怕。

"孩子需要我,我的存在只是为了他。"

每个女人心里都住着一个小女孩儿,她渴望被爱。但事实上她却在无休无止地为他人服务,不断地满足他人的需要:要洗衣做饭,要抚慰别人的伤口,要分担别人的悲伤,有时感觉喘不过气来也不足为奇。时时刻刻被别人需要真是太难了!

"我不喜欢自己的孩子。"

这是一个可怕的想法,很多妈妈可能都有过这样的想法,您可能也是其中的一员。在情绪不佳时,每个人都可能产生与整个世界断绝联系的想法。我们会觉得,我们的感情已经不复存在,因为感情就像小灯泡,会烧坏,也会熄灭。在我们觉得最困难的时候,我们的确会失去爱的余裕。

"我吃孩子的醋。"

嫉妒是一种沉重的情感。当孩子更喜欢和爸爸在一起时,您会感到不爽。孩子,好像是理所当然地,在您面前总是那么任性,想干什么就干什么,而和爸爸在一起时,就会变成世界上最听话的孩子，这真不公平！或者当孩子高兴地跑向和您教育方式完全不同、还老喜欢给您提建议的奶奶时，您也只好生着闷气，一遍遍地擦拭着同一个地方。

"我保护不了我的孩子。"

您不知道在公共场合该如何做，如何回应粗鲁的妈妈和无礼的同龄人，您会在邻居、售货员、路人面前觉得不好意思，尤其是当孩子在人多的地方发脾气时，您更是无所适从。您甚至想藏起来，或者拒绝承认这是您的孩子。我们生孩子的气，是因为觉得正是因为他的存在，我们才需要不断地面对一个不愉快的世界。只有在家里时我们才会明白，我们需要时刻保护我们的宝宝，而不是觉得不好意思或者一个劲地嘟嘟囔囔，但永不枯竭的勇气又从何而来呢？

"我没有什么可以给予孩子的，因为我内心有太多不好的东西。"

您知道吗，每当这样的妈妈前来咨询时，作为心理医生，我的内心就会觉得很悲伤。这是一个最让人痛苦的问题。她们向我讲述了自己不幸的童年。的确，她们也不知道可以给予孩子什么，难道是谩骂、暴力和冷漠吗？每个人的经历都有好有坏，但是，平衡一旦被严重破坏，那想要再找到一个可靠的支点并将积极的东西传递给孩子是多么困难的一件事情啊！每位妈妈都真的很想去爱孩子，想做一个普通的好妈妈。

我列举了妈妈们可能会面临的困难，但并不全面。您内心还有什么其他的困扰是我没有提到的？

我明白，上述强调的每个点都可能会引发您的痛苦和负罪感。很抱歉，书本不能给您拥抱，但此时此刻的我真的很想拥抱一下您。上述的哪些点会引起您的共鸣？每个点都应该成为您不丢弃这本书、继续往下阅读的最好理由。我们现在所做的并不是要证明您是一个失败的妈妈，我们是在审视这一痛苦的经历，寻找问题，解决问题，让您的生活更充实、更快乐，这就是我罗列上述各点的目的。

在您环顾一下四周后，您就会明白您所处的位置。您用语言表达了模糊的感受，用手电筒照亮了内心的想法。您是否可以为此想出例证呢？在心理咨询中，一位妈妈说道，自从她当了妈妈以后，她感觉自己如同站在十一月份的大草原里，周围一个人也没有，只有飘落的雪花，偶尔还有枯萎的小草。初为人母的艰难和所要承受的后果，以及长期缺乏亲人的帮助，让这位年轻的妈妈筋疲力尽。

　　妈妈这个角色，对一些人而言，可能是暴风雨过后开满鲜花的草地，而对另外一些人而言，似乎就是一个安静而温和的清晨。有些人认为，妈妈对孩子的爱就像是一条宽阔平静的河流，虽然有时也会波澜起伏，但这都是孩子成长过程中必须要经历的。

　　您环顾四周了吗？请记住这个地方并仔细观察。让它成为我们旅程开始的 A 点。

第二章
B点：目标

想要达成目标必须知道方向。您想从自己这里获得什么？您想从与孩子的关系中获得什么？您想从这本书中获得什么？让我们大胆梦想，大胆规划。

请想象，我们现在有机会见到一条小金鱼，它能满足您的任何愿望，能让您瞬间梦想成真。我们一定要认真描述所梦想的东西，有时梦想的确会成真。

我的一个病人说，她要占卜一下自己未来的老公是什么样儿的。每天晚上睡觉前的那两个小时，备受失眠折磨的她，脑袋就会像一台永动机一样不停地工作，她想象出了一个"他"。她想赞美他，给他智慧的脑袋戴上光环。

她还想象自己去了他的办公室，看他投入地工作。她希望自己眼里的光芒不会熄灭，感情也不会消失。

此时金鱼正在床底下游来游去，显然它还想再听点别的什么。金鱼暗示她，它张开嘴，拍打着鱼鳍，但我的这个病人却认为其他男人都是愚蠢、无聊且无趣的。她希望每时每刻都能赞美自己选择的爱人。鱼儿斜了斜眼睛，但最终还是满足了她的愿望。

您想必能想象到我们在稍后的治疗过程中都会做些什么。我们会开始讨论有关持续忌妒的问题；讨论教会一个只会全心投入工作的人去关心他人有多么困难；讨论让这样的男人明白除了工作，他的日常生活需求还包括家庭和房子有多么困难。

金鱼大喊道，应该给孩子寻求一个坚实的肩膀、更多的关怀、和谐的爱和一个好父亲，可惜这个女人听不到金鱼的请求。她嫌它太啰嗦了！

现在让我们回到我们的 B 点。让我们找个舒适的地方，准备一点爆米花和茶水，开始想象吧。真是太好了，您的想象正在勾勒一幅理想的画面。真是太好了，金鱼正在游来游去，仔细地倾听您的诉说。

B 点，目标一：

我想永远不对我的孩子生气……

您躺在一片浓密的草地上，呼吸着六月的花香，倾听着婉转的鸟鸣。您身穿一条浅色连衣裙，膝盖上坐着一个快乐的孩子，附近的野餐垫上放着几辆小汽车和几个变形金刚，我们暂且称呼这个快乐的天使为季马。想象一下，他已经厌倦了大自然的风景，他决定去寻找点乐子。

他对周围的一切无所顾忌，他沉醉于自己的想象中。

该让小汽车们出发了！小汽车们陆续聚集在一起，它们沿着"公路"行驶。公路上有些地方并不平坦，这主要是由您的裙子造成的，没有关系，变形金刚清洁工会来援助。为了清除道路障碍，它们会把碍事的衣服扔到草地上。哎呀，一场灾难发生了：两车相撞，发生了爆炸！季马继续指挥，您能感觉到，您已经被新鲜土壤碎片的冲击波袭击了。不，好像还是少了点什么。需要一支救援队伍，而这些树枝正合适。但是，如果此刻妈妈的腿正好挡住了它们，它们该如何抵达目的地呢？必须借助救护直升机去飞过这些"山脉"，于是您的凉鞋又被季马拿去用了。这些都是季马的想法。树枝充当的伞兵降落在了您的脚踝上，直升机还有随之而来的一切都降落在了您的膝盖区域。救援人员抵达，任务完成了。

第一部分 我们想要什么？

想要理解上述这个例子是不是有点困难？是的，非常困难，或者说什么也没明白。如果家庭中的等级制度被打破，让孩子占据主导地位时，就会发生上述这种情况，孩子就会迷茫，孩子的幻想就会支配一切。

真实的情况是这样的：您的衣服上沾满草渍，野餐垫上横七竖八地散落着树枝，凉鞋上铺了整整一层泥土。

不过您还好，因为您从不生孩子的气，您只顾欣赏蓝天，而季马正在为自己的胜利成果自豪不已。

画面一转，您来到了心理医生的办公室，因为季马根本不听话，他很有攻击性，也不懂规矩，不注重别人的感受。您很担心，要知道您有一个美好的家庭，您从来也没有骂过孩子，该拿季马应该怎么办呢？心理医生摊开双手，很遗憾地说，还有更大的麻烦在等待着您。金鱼挥动鱼鳍，愧疚地离开了。

当然，这是一个夸张的例子，但有一点很明确：不生气的妈妈是不存在的。因为您从来不生气，所以季马根本不知道界限在哪里，他也无法将妈妈和他的想象分开。这就意味着其他人对他而言永远都不是真实存在的。在季马看来，他愿意把他们想象成什么，他们就是什么：或是一种工具，或是一种障碍，或是一种手段，或是一种功能。我想您也认识这样的人，与他们交流是非常困难和不愉快的。此外,他们也非常不幸,因为他们不理解广阔的情感世界,在情感世界中看不到其他任何人,不能与他人建立真正温暖而亲密的关系,要知道关系的建立首先是能够看到另外一个人。这不是我们想象中的那种简单的与某些具有一定功能的事物——如镜子和家用电器——的交流,这是宇宙间的相互作用。

这种相互关系的基石是生气,我们必须能感觉到生气的存在,消化它并将它表现出来。

"明白了!"您说,"我只是没有确定!当然,我可以冲孩子生气,不过需要正常地去生气。"是的,这就是第一次和父母沟通时对父母提出的第一个要求。在90%的情况下,父母的反应和小金鱼第一次听到的完全一样。让我们更加谨慎地表达我们的意愿吧,让我们再尝试一次。

B点,目标二:
我希望永远不发脾气,不对我的孩子大吼大叫……

让我们回到刚才的那块草地,用您的想象力再次勾勒出完美的画面,小金鱼也会认真地倾听并仔细研究。

当浅色的裙子上沾满草渍时,您心里开始不爽,但此时您告诉自己要忍,等到下次合适的时候再发火吧。您对孩子说,最好去远一点的地方玩,附近没有人的时候才能扬土玩。这样，一切就比较开心了。让我们用草当降落伞，给救援人员系上，以防他们降落时降落得太快。这个夏天，你们玩得很开心，你们对彼此满意，也对这美好的天气满意。您的腿、衣服都完好无损，季马也为自己的成就感到自豪。天黑了，该回家接下班的爸爸了，然后大家一起吃晚饭。

您家就在不远处，需要穿过公园的林荫路，过了马路就到了。季马有点累，您拉着他的手，他拖着他的变形金刚。你们停在斑马线上等红绿灯。您心里想着晚餐需要解冻一条鱼，而季马则用脚踢鹅卵石，他把它们从马路牙子上踢到了路中央。变灯了，可以走了，你们开始穿行马路。在路中央，季马不小心掉落了他的变形金刚。

我会在这里放慢镜头的速度，以便您能更好地了解情况。

马路很窄，很让人讨厌。汽车在房子的拐角处低速行驶，在最后一刻才会被发现。季马很安静，也很疲乏。鉴于您轻轻地抓着他的手，他的手掌很容易就能从您手中滑脱。季马弯腰去捡玩具时，一辆车开了过来，可是季马一点也不着急，您目瞪口呆地瞪着近在眼前的汽车。

之后的那几秒钟您几乎不知所措：您的胃开始痉挛，心脏也几乎停止了跳动，浑身冒着冷汗。当您猛地将孩子从车前拽开时,您屏住呼吸,让自己冷静下来,轻声说:"你这个小淘气包,你捡到变形金刚了吗?小心点儿啊!"

画面一转,这次是医生的办公室。季马19岁了,他在地形错综复杂的山上滑雪,结果摔断了腿。他是一个爱冒险的人,天不怕地不怕。他与不同的人交流,有好的,也有坏的。非常不幸的是,他经常陷于不愉快的境地,因为他不能正确评估现实。在他看来,世界上根本不存在威胁,他也无法区分真正的危险和暂时的困境,所以他经历了所有的好与不好。

可能,您对我这个夸张的例子又有点生气了,但我只是想表明,不喊叫是不行的。如果一个孩子站在敞开的窗户前或他在玩刀,如果他处于危险之中或者他可能会伤害到别人,您一定会感到非常恐惧和生气。人都是通过喊叫来表达恐惧或生气的,这是一种很自然也绝对正确的防御性反应。如果孩子没有这样的体验,那就好比他语言中缺失重要的组成部分。如果您和别人交谈时从不使用疑问句,不会问"你叫什么名字""我在哪里""请问如何去红军大道",可以想象,这样的交流有多么困难。因此,对一个不知道也不明白喊叫所要表达的含义的人而言,就更困难了。所有的动物都有自己的信号系统用于警告危险或表明自己将要发动攻击的意图:它们或借助尾巴,或咆哮。

人则会尖叫和大喊。这都是必要的。

B 点，其他目标：
我要学会克制自己的敌意！／我要善良！／我要做个好妈妈！……

建议您此时此刻把书合上，思考一下：您真正想要的是什么？在心理治疗过程中，我们会花费几次时间，让一个人明白他来找心理医生的原因，以及通过配合他希望改变什么。

小金鱼是存在的，但是要学会正确与它交谈。

从自己和自己的愤怒中您能得到什么呢？

1. 要根据发生的情况来看

这意味着要正确评估孩子和当时的情况。例如，当孩子薅您的头发，不经询问就拿走您的东西或是违反了您努力设定的每一个合理或不合理的规则时，生气是正常的。但当孩子心情不好，当他撒娇或向您寻求支持和帮助时，您却生气的话，那就不应该了。我们将一起学着区分不同的情况。我会告诉您，为什么我们会在需要爱和关心时生气。

2. 生气时要搞清楚为什么生气

有人踩到了您的脚,您却并不在意,这是常有的事。当您最终抬眼去看那个踩了您脚的人时,是因为您的脚已经被踩得肿起来了。他沉重的脚后跟踩在您的小脚指上已经有一阵子了,只有当疼痛变得难以忍受时,您才会准备反击。当然,您在生气时会想责备,想哭,想打,也想喊:"你毁了我的一生!"这就是我们通常所做的。我们要做的是,当这种不舒服的感觉刚开始萌发时就应该立即搞清楚,为什么会出现不适感。其实不只是孩子,父母、丈夫、朋友也经常会让我们满足他们的要求,甚至"踩到"我们的底线。我们应该尽早意识到这一点,然后才能更好地采取正确的应对方式。

3. 要明白情绪发出的信号

我们通常认为,一个好的女人不应该具有负面情绪。"母亲""妻子""女儿"这些词的文化密码中并不包含敌意和不满。我们赋予自己太多责任了,我们每天都拼命用各种约定俗成的规矩约束自己。您想要做自己,想要了解自己的本性和需求,看到并治愈自己的精神创伤,学会客观地剖析自我和自己的内心历程,小金鱼听到这些一定会很高兴。

4. 交谈并寻求帮助

生气常常伴随绝望。当我们拥有一切且无欲无求时，我们是不会生气的，但当孩子质疑我们的价值观时，我们会感到生气：孩子不听话，竟然迫使我们屈服并破坏规则，难道我们的价值观就这么脆弱吗？实际上，我们一直需要温暖和支持。但遗憾的是，我们大脑中有太多的顾虑，以至于我们不会向他人求助，也不相信这个世界实际上已经时刻准备着回应我们的请求了。

5. 以无害的方式表达自己的愤怒

也就是说别动不动就使用"武器"，要用其他方式来对付内心的"恶龙"。人是一种了不起的生物，我们具有创造能力，会说话并能看懂文字，我们有智慧和灵性，这是非常了不起的。转化一下自己敌意的冲动，借助语言和创造力去学习表达通常借助拳头和脏话来传达给别人的东西，这才是金鱼愿意听到的愿望。

您对金鱼还有什么请求？请尽可能详细和全面地思考一下。我建议您将其分别写在一张纸上，并时不时重温一下，以免忘记自己选择的方向。希望在阅读本章后，您能感觉到"我从不想生气"与您可以真正改变自己之间的区别。

您知道吗？有时在我的身上会发生一些有趣的事情

（我希望每个人都和我一样）。我想起了一件想要离开一家玻璃店时发生的事。整个商店是透明的，门和墙都是玻璃做的。不知是我没有注意到出口处的黄色圆圈，还是我想什么东西想入迷了，我尝试了三次才离开这家商店。前两次额头都撞到了玻璃。玻璃如此清亮透明，以至于我根本没有注意到它的存在，我完全不知道我和街道之间还隔着一层玻璃。当然，后来我觉得既羞愧又好笑，在这样的时刻，我总是怀疑自己的核心能力。现在我举这个例子的目的，是让您彻底明白一个主要观点：目标设定的差异性影响非常大。如果您设定了错误的目标，您就会像我一样，发生脑袋撞玻璃的情况。

第三章
一路上
有什么可以帮助我们？

如果您把 A 点想象成一片白雪覆盖的沼泽，那您肯定需要帮助才能到达 B 点的高山草地。即使起点和终点之间的差异并不大，但剖析自己的内心世界却是最困难的。我们会很轻松地谈论邻居，迁就我们的亲人，猜测孩子的情绪，但我们却常常无法明白自己的内心世界。

为此需要什么？什么会帮助我们？

或许，您年轻时玩过电脑游戏，您知道每个人物在途中都会捡到有用的装备：金币、药品、武器、盟友和其他物品。类似的故事在童话故事和神话传说中也有：美人瓦西里萨有神奇洋娃娃的帮助，阿廖奴什卡有一个乐于助人的炉子和一棵苹果树，而傻瓜小伊凡在旅途中总是那么幸运，要么会遇到一匹魔法马，要么会遇到一些乐于助人的野兽，要么会遇到聪明的女友。

潜意识中的信息会告诉我们，一个人是无法在变幻莫测的道路上行走的，我们常常觉得自己需要一位人生的向导。但不幸的是，这完全违背了现代世界的观念。现代世界似乎正处于儿童危机年龄段的"自我意识觉醒"期，什么都要求"自己来"！处于社会压力枷锁下的女性不好意思接受任何帮助。有的女性尽管有条件使用洗碗机，享受家政服务和其他现代科技成果，但她们却不好意思享用；有的女性不敢请求奶奶帮忙照看孙子；还有的女性认为去健身房和给自己按摩是浪费时间和金钱。大多数女性甚至不允许自己稍微休息一下！我们很难找到有用的内部资源和外部资源，这不应该啊！

要知道只有女性才被赋予了特殊的力量，她们是先知、守护神、母亲。在所有的传说中，女性能给大自然下咒语，知道如何到达神灵所在之地，能发现地母的恩赐并正确使用这些恩赐。女性与自然及生命本身息息相关，也就是说，她们善于感受并分配重要资源。您的内心也住着这样一个女性，请相信我，相比挑剔的邻居和外部的批评意见，她要睿智得多。

现在，我将告诉您途中可能会遇到的资源。可能，有一些您已经在使用了，有一些是您第一次接触。别害羞，也别怕尝试新鲜事物。在每个要点的结尾部分，我都会为您提供一个简单的实践练习，当然，做与不做取决于您。在这之前，这些练习都经过了不同女性的反复测试。即使步伐不大，只要您坚持不懈地奔向目标，最终都会产生令人惊讶的巨大改变。

关 注

心理学中有个术语叫"选择性感知"，表示人们更愿意看到自己想要看到的。这和大脑的工作机制有关，即当一个兴奋点占据主导地位时会抑制大脑皮层的其他部分。

也就是说，我们很可能更关注大脑中现实的东西及与当前目标、任务、需求和情感状态相关的东西。您昨天看了什么节目，给您留下了怎样的深刻印象？如果节目拍摄的是美丽的大自然，那么，早上您很有可能就会在自己家附近发现一棵正在生长的苹果树，但在这之前，您压根不会注意到它。如果您看的是烹饪节目，那么在食杂店，您就会被各种有趣的香料所吸引，并且还会饶有兴致地思考晚餐要吃点什么。

当与别人交谈、阅读广告和文章、接触我们周围的所有信息时，我们会不自觉地把注意力转移到一段时间以来我们一直关注的事情上。

如果我们能够关注，这预示着我们的目标能够达成。我们要学会关注自己，厘清自己的感受和经历，难道不应该这样吗？您思考得越多，观察得越仔细，发现的线索就越多。必要的信息、全新的思维、正确的认识、巧妙的解决方案，都会出现在您关注的地方，但为此您需要诚实地关注自我和自我的感受。您多久会询问一次有关自己的感受和愿望？您是否关注您的身体现在想要的东西？留心您大脑中的思绪，关注您个人情绪中最细微的变化，这就是您的目标。

我向您保证，当您阅读我的这本书时，您将会调整自己的认知，并会感觉越变越好。

您是否还记得，当我们还是孩子时，我们会被要求记天气日志或写读后感？我们每天都要记录大自然的变化情况：今天是晴天，明天会下雨，后天有冰雹。那个时候我真的不太明白为什么必须这么做，甚至还会消极怠工。其实观察日记会训练我们的注意力，可以让我们持续、自主、轻松地专注于某个现象。如果说三年级的时候我们的观察对象并不十分有趣，那现在我们将要观察的事物就很重要了，那就是我们自己。

我在线上课程中给出了这样一个任务，叫作"妈妈，请不要生气！"。当然这并不容易！因为我们还不习惯观察自己，也不知道如何去做。参与其中的一位女性这样说道："原来，我最不了解的人是我自己！"这种认识对她而言是一种强烈的冲击，也是强大的发展动力。

我建议您按照如下方式记日记。

实践任务

准备一个笔记本，将它分成三列。我建议您手写日记，因为与在笔记本电脑或手机上打字相比，这个过程和大脑的联系更为密切。如果您愿意选择一个漂亮的笔记本并记下阅读这本书时产生的相关想法，那您还会养成记录推论的好习惯。

第一列，请记录您关注的情景：它可能是一顿令人愉悦的早餐，也可能是您感到某种情绪要爆发的时刻。第二列，请描述您的感受，要尽可能详细地描述，要考虑自己状态的各种细微差别。第三列，请记录您身体发生的变化。您的记录大概像这样：

情景	情绪变化	身体感受
打算和孩子一起去散步，但他不愿穿衣服，然后跑回了房间。	我很生气，感觉很无助，想打电话求助，很想尽快摆脱这种状况。	双手颤抖，泪水涌出，腹部有奇怪的拉扯感。

不仅要描述明显的负面经历，还要关注平静、快乐、幸福的时刻。如果您能持续记录一段时间，那就再好不过了。以后回首时，您就会知道自己究竟是什么样子的，在您的记录中最常出现的情感是什么，您是否能明确您身体的信号，您生活中有多少愉快的时刻，等等。

习 惯

我们延续着自己的文化，无疑，这是一种财富。我们知道应该如何装扮外表，如何待人接物，如何适应周围环境。我们努力达到专业水平和个人发展需要的水平，建立社会可以接受的家庭，甚至有时为了自己会不自觉地以妈妈、爸爸、朋友、同事和周围所有人都认可的方式去思考问题。这是使人们能够在一种社会环境中舒适生活的自然而然的社会过程。

但这些"规约"的力量如此强大，却又如此荒谬！

对于一个受过良好教育的母亲而言，最不能接受的就是自私主义。作为一个优秀的男孩和女孩，就不应该只考虑自己，应该事事让着他人，例如长辈、小孩和朋友，甚至是在不需要谦让的时候。

关爱母亲是每个人应尽的义务，但我们女性自己首先要学会关爱自己。您的状态、情绪、力量、内心的平静，这些都会影响另外一个人的发展，您此时此刻的状态正在为一个独立而庞大的人类生活定基调，真是责任重大啊！放弃自己的愿望和需求以达到社会的认可，相比试图与之抗争，则更自私。

请回忆一下，当您拿出半个小时用于看书或干自己喜欢的事时，您是不是有所顾忌，脑海里是不是立刻会浮现这样的念头："丈夫怎么办？儿子怎么办？我在娱乐消遣，他们却要因为没有我的关心而忍受孤独。"人们都认为工作是一个贤惠的女人应该做的事情。但实际上，我几乎从每个女人那里都能听到这样的抱怨：哪怕坐下来休息一分钟也是不可能的。衣服还没有洗，晚餐还没有做，还有一大堆事没做完。"奥吉亚斯的牛圈"要求我们变成大力士。

既然我们的大脑这么喜欢这些既定的规约，那我建议我们还是用真正重要的东西来填充它吧。难道"后勤工作者"的奖牌比您内心的快乐及享受和孩子温暖而亲密的关系更为重要吗？我想答案是否定的。我希望我们能有相同的观点。因此，我们将一起培养习惯，让习惯和我们一起开启我们的旅行吧！

请培养有助于您重获力量并充分享受生活的习惯吧！尽量不要落入完美主义的陷阱，要充分评估您的能力。每天花两个小时去取悦一下自己：睡前散散步，听听有声读物，读读励志文学。只做一天是不行的，根本不起作用，这样您很快还是会无比失望地重回您平常的生活节奏。

众所周知，培养好习惯有一个"二十分钟法则"。如果每天您能花二十分钟去培养一个习惯，最终会有结果的。

坚持是养成习惯的关键。每天花 10～20 分钟完成一项新的任务比每周花两个小时效果要更好。为了激励自己，您可以为自己设置每日提醒并使用"习惯追踪器"。当您在一张漂亮的纸上看到连续的十个勾号时，想要停止都会变得困难起来。

实践任务

请回想一下所有能够让您感觉快乐的事情，花一点时间把它们记录下来，如我喜欢在大街上散步、听音乐、泡个牛奶浴、做身体护理、看书、养绿植，等等。然后选择其中的一两项开始定期执行。

我必须承认，我自己也并不是事事都成功的。有些习惯已经根深蒂固并总是影响我自己，而有些习惯，我也只是刚刚起步养成并梦想它们有朝一日会成为我生活的一部分。简单的数学作为一种动力，对我帮助很大：如果每天花20分钟，那一年就是7300分钟（超过120小时！），不少了吧？不管怎么说，这绝对比没有要好。

我的一个病人花了整整一年的时间才学会如何关心自己。之前她根本无法相信丈夫和儿子没有自己是可以的。现在，她给自己泡茶，晚上干自己的事情。有一天她来找我，对我说："我终于明白了，而且我坚信自己也是需要照顾的。"如今，每天晚上她都会把丈夫和儿子放在一边，花半个小时或一个小时的时间充分享受一场泡泡浴。在浴室里她拥有了真正的魅力：精油的香气、水、磨砂膏、面霜、各种瓶瓶罐罐为她创造了爱和关怀，最终她学会了爱自己和自己的身体。就这样一个简单的仪式（只有半小时！）把她变成了一个整晚都温情脉脉且爱意满满的妻子和母亲。比起那些坐立不安、疲倦不堪、胸前挂着"英雄母亲"勋章、一心只想着家务事的女人，这样的女人不是更让人心情愉悦吗？

我真心希望您会特别喜欢这项任务，并能够在现实中去实践。

帮 助

有教养的人不麻烦别人。我们羞于承认自己无力处理某些事情,并且还得麻烦他人。

要说出"我是一个不完美的女主人"很难。我有两个年幼的孩子,不可能将家里维持得一尘不染。每个妈妈都想象自己能够同时应对散落一地的玩具和孩子的所有需求,但在现实生活中却并非如此。我们必须做出选择:今天我要么是一个好妈妈,要么是一个麻利的女主人。如果想同时达成,可能就会造成不可避免的损失。您要么会因为没有达成理想的结果继续责备自己,要么就会思考如何摆脱不必要的责任。想一想,谁能帮您打扫卫生呢?是丈夫、大孩子、爷爷、奶奶,还是家政服务员?当您做家务或做其他事时,谁可以和孩子们待在一起呢?是保姆、钟点工、爷爷、奶奶、其他亲戚、朋友,还是邻居?可能性总是有的,即使您认为不可能解决。但此时陈旧僵化的"规约"又会冒出来了,它让我们相信其他人都很忙,或者其他人完全不愿意帮助我们。

但请您回忆一下,您本人是如何帮助您的父母和您的亲人的?人性为我们创造了很多东西,我们生来就是为了在一起生活并相互支持的。当我们帮助周围的人时,我们体内会自然而然地产生一种内啡肽。所以，父母才会轻而易举地让我们照顾他们，朋友们也不会拒绝我们的帮助。甚至是街上的一个陌生奶奶，都会让您帮她拎包上楼，这是多么令人愉快的事情啊。在这种情况下，我们会觉得自己很有价值、很重要，和别人也会很亲近。信任的纽带只会变得更牢固。

所以，也让别人来关心一下您吧！

但是，请求帮助需要一些合适的方式，否则，别人真的可能会觉得您在剥削他们或将他们的帮助视为理所应当。

清晰地表述您的请求

求助时表达越含糊，别人就越难评估是否可以给予帮助。我们不应该和朋友这样说："我完全来不及了！我有很多事情要做，请帮我照看一下我儿子吧！"我们应该让他们清楚地明白我们的指令："玛莎，周五三点到六点，你能帮我看一下孩子吗？要是天气好的话，你们还可以到外面走走，我会准备好衣服和户外玩具。"这一点对于丈夫而言尤为重要。与明确而且带有时限的请求相比，类似"亲爱的，你完全不花时间陪孩子！"这样的句子，只能让你心情更糟，还会破坏两个人之间的亲密关系。

不要害怕指导别人和给予反馈

和我们亲近的丈夫或奶奶愿意帮我们,但他们往往不知道该怎么做,而我们又不好意思开口求助,结果,他们就会不知所措。他们试图帮助我们,但结果却不是我们想要的。最终,我们不满意,他们觉得委屈,后果很不好。

请逐项扩展需要做什么事情。如何正确地把孩子送到幼儿园?在什么地方散步?散步时需要做什么?应该怎么做?如果您想让丈夫接管孩子晚上洗澡的事情,那就在把这件事情交给他之前,一起共同经历几次给孩子洗澡的过程。当您指导别人时,切记,每个人对新信息的接受速度都不一样,要冷静地指导他人的行动并温柔地给予反馈。

感 激

我们似乎经常忘记感激。客套话对所有人而言都是必要的:下班后疲倦的丈夫,来自另外一个城市的妈妈,同意帮忙的朋友,甚至是付钱请来的保姆或管家。温暖的感激之情和自我价值的肯定对任何人而言都是最好的动力。

第一部分 我们想要什么？

> **实践任务**
>
> 详细记录您所有的职责并认真思考一下，可以将其中的一些职责委派给谁。别不好意思，即使是细节也要记录下来，例如，洗完袜子后整理好，给花浇水。正是通过借助他人的帮助，您才可以节省大量的时间和精力。

有一次，在我上完线上课程后，我收到了一封一位妈妈的快乐来信。她惊奇地发现，原来，让丈夫晚上给孩子洗澡是可行的，而孩子洗完澡后也会整理自己的东西。这就给她腾出了很多时间，并且她还获得了巨大的支持感。

另一位妈妈很长时间以来拒绝请保姆。她认为，自己已经是丈夫的负担了，而她的责任就只是抚养一个孩子。但在这种情况下，这位妈妈自己感觉越来越糟糕：冲孩子喊，和丈夫生气。结果怎样呢？后来她决定每周请保姆照顾孩子几个小时，然后自己报名参加业务提高进修课程，她很高兴实现了自我价值，不用说，家庭关系也有了质的改变。

求助其他有效的资源

我们每天必须接触大量信息，重要的不仅仅是接收信息，而是有机会去了解信息和选择信息。

现在的世界充满了广告：吸引人的书名、专家的推介会、YouTube 和其他社交网络上的广告。大量充斥的广告破坏了人们的信任感，人们看到广告想到的只是纯粹的商业行为，但实际情况其实并非都是如此。通常，真正的专业人士都是很有想法的，他们的主要目的是给生活带来生机，所以不要害怕使用他们的成果。

在写这本书时，我也遇到了一些困难。为特定家庭提供咨询、开专题研讨会、上课是一回事，但是要写一本想让读者去读，而不是放在枕头下以求睡个好觉的书则是另外一回事。我得参考专业文献，而且总是战战兢兢的。我不觊觎成为成功作家，能销售自己的想法，使自己的书变成畅销书，我只想写一本有趣且有用的书。但我发现自己陷入了无法理解的恐慌之中，我也不清楚这是为什么。我可以想象您在寻找有关育儿文献时的感受：信息量巨大，令人望而却步。

第一部分　我们想要什么？

结论一：不要害怕。

当打开一本封面奇怪的书时，您会找到最重要的信息。广告活动的背后是一个真实的人，他做了大量的工作。

如果您有问题，请养成寻找答案的习惯。

许多人的无助感（或者是不是也可以称作不负责任？）会越界。我经常会遇到关于儿童行为养成问题的咨询，其实这些问题在几年前就应该解决，"但不知为什么，总是没有时间"。虽然心理援助文化刚刚取得进展，但我们可以更早、更有效地帮助自己和我们的孩子。

您可能被孩子的遗尿症困扰了很多年，或者您可能担心孩子适应不了幼儿园，没关系，您可以在 YouTube 上观看相关视频，阅读专家的书籍或寻求建议好去解决问题。

或者如果您发现自己每天都有跳窗户的想法，总有一种莫名的压抑感，那就去找一个好的心理医生，让他帮助您迅速回归正常的生活。

海量的信息和无数的可能性会让人不知所措，但只要明确方向，您就是胜利者。

实践练习

回想一下困扰您很久的一个问题。这个问题可能很简单，也可能事关重大。例如，您早就想知道杜鹃是如何在别人的窝里下蛋的,或者您需要解决孩子的择校问题。很可能当您读完这本书后(我会很高兴我参与了这件事),您会想要继续自我反省,而且还决定找一名专家一起去做这件事。如果真是这样的话,那就太棒了!

今天就让我们为自己的问题寻求一下答案吧。观看一个有趣的杜鹃视频,搜索一下学校的信息列表,或搜索一下如何正确找到心理咨询师。寻找答案和解决问题比单纯思考问题更有效。

第四章
谁会一直陪伴和支持我们？

也许，您会说资源、科技、实践这一切都很好，但是，当您力量耗尽的时候，剩下的只有痛苦和没人减轻自己不幸的抱怨：没有体贴且能帮得上忙的婆婆，哪怕她能来半天帮忙看一下孩子或者帮忙处理一点家务；没有工作时间自由且荷包满满的老公，这样您就可以一门心思照顾自己和孩子了，还能利用孩子睡觉的时间去做一些比紧张的工作更愉快的事情；没有大房子，没有全职保姆，没有额外的汽车，也没有漫长的假期。没有的东西真是太多了！

尽管忙得不可开交，事情却丝毫没有减少，反而越来越让人头痛。对自己的要求是巨大的，想要变得更好的渴望是不可抗拒的，但这并没有给我们带来丝毫的快感，而且，也没有什么结果。

我建议弄清楚这背后的原因。

乍一看，您似乎只是不太走运，谁不会遇到这样的事情呢？否则，所有问题不都迎刃而解了吗？您也就能改善了自己的生活，解决所有的困难了。但是仍然有很多人，即使有完美的丈夫、宽敞的公寓、自由的财务、懂事的孩子，他们仍然会前来咨询我并阅读这本书。毫无疑问，拥有期望的财富在很多方面会让生活变得简单，但是，请相信我，这也并不像您想象的那么重要。我看到了不同家庭及拥有不同生活条件、社会地位和机会的女性的隐痛，她们的问题根本不是由外部条件决定的。

很多人讨厌的"想要改变周围的世界，您必须改变自己"这句话实际上是有道理的。我们可以埋怨周围的环境，但它对我们的影响是由我们的内心世界和我们对自己的态度决定的。只有当我们亲自实践时，我们才会感受到外部的真正作用。但是如何学会这一点呢？

在我的一次在线课程上，聊天室有将近一百人，她们中只有少数人能够立即说出对自己的爱称。是小玛莎？还是我的女孩？还是亲爱的？不，她们只对自己说："振作起来吧，你这个笨蛋，你又把事情搞砸了！"我并没有夸大其词，这是女人们在某些事情做得不好时最常对自己说的话。

心理学家已经使用了很多概念来解释一个人对自己的这种态度。在我看来，美国心理学家和精神病学家埃里克·伯恩的相互作用分析模型是最清晰、最简单的。在生命的每一刻，我们的感受、思想和行为都由下列三种可能的自我状态中的一种决定，这三种自我状态分别是：儿童自我（指情感和欲望达到6岁以上程度的）、父辈自我（指父辈的价值和作用）、成年自我（指能在对先前发生的事情进行观察的基础上看待世界）。

这些内在形象的特征取决于很多因素，但很大程度上取决于我们童年时期接受的行为模式：童年时我们获得了多少真正的支持？我们是如何接受帮助以应对困难的，是被关心还是被责骂？被温柔呵护还是独自一人承受？基于上述经历，我们父辈自我的主要功能就形成了：批评型的或支持型的。如果童年时我们没有任何选择，如果我们处于无法以任何方式被影响的境地，那么成年后，首先决定我们的是自由。您的父辈自我是批评您还是支持您，只取决于您自己。

面对失败、疲惫以及没有完成的任务您会作何反应？我举几个批评型父辈自我的真实案例。

1. 已经9点了，可我还在被窝里。老公已经陪孩子玩了一个小时了，但我还是不想起来！只要是可能，哪怕做一些其他有用的事情也好啊！但是我只想躺在床上，翻看手机上的照片墙。我真是太懒了！我应该马上起床！

2. 去收拾一下，快把碗洗了吧，已经晚上11点了。我怎么还没有开始收拾呢？餐具上的污渍肯定洗不掉了！

3. 我毁了自己的学业，一事无成，对任何事情都不感兴趣。我真是白学了。周围每个人都在学习，除了我。

您熟悉这样的想法吗？批评型的父辈自我可能会因为您没有完成这些事情、因为您的软弱和疲倦而责骂您。它可能会蔑视您或经常对您表示不满，说您身材不好，思想不积极，想象力差；它也可能否定您或回避您，因此当情绪激烈时，您不会太去关注自己，为了避免悲伤或孤独，您只能幻想可以用工作和琐事填满自己的脑袋。

而支持型的父辈自我则完全不同。它会准时前来救援，知道如何支持并关心您。我想用三个问题来确定它的存在："我现在有什么感觉？""我想要什么？""我该如何帮助自己？"

1. 已经9点了，我还在被窝里。太好了，我能关心一下自己了，漫长的一周后终于可以借此恢复一下体力了。丈夫整天都在工作，我得把所有的时间都花在孩子身上。我太累了，我需要休息一下。就这样一个人随心所欲地躺一个小时真好！现在我还能读一读自己喜欢的书，在欢快的音乐中洗个澡，它会让我一整天和下周都充满活力。

2. 该洗餐具了，可现在已经是深夜11点了，我根本没有力气，也不想动。我真是个可怜的女人，我今天太累了。我要如何帮助自己呢？孩子们刚刚睡着，这似乎是今天属于自己的第一个十分钟啊。好了！我现在要给自己泡个香浴，看一集最喜欢的电视剧，然后去洗碗睡觉。明天又是崭新的一天，我要好好休息一下，这样才能和孩子们度过愉快的一天。

3. 我不想学习额外的课程。今天我没有一分钟的空闲时间。亲爱的，你今天太累了。妈妈的主要任务虽然只是做妈妈，但这并不容易。我现在只要能暂时胜任妈妈这个角色就够了。孩子一天天长大，需要时间去适应幼儿园。等我有时间且有意愿时，我可以迅速恢复我所有的工作技能。再说了，我一点也不笨。而现在我只不过是想和我的孩子一起共度时光，在我空闲的安静时间里，我只想放松一下。

您觉得有不同吗？许多妈妈在分析了自己的父辈自我后得出了这样一个主要结论：原来，批评型的父辈无处不在，它已成为我们生活中不变的底色，成了我们内心熟悉的独白。

不应该是这样啊。所谓的"鞭子是最好的教育者"这句话并不对。如果您对自己表现出哪怕是一点点的温情和善意，您也不会马上成为最懒惰、最自私、最没用的女人，您只会让自己和周围的世界变得更好。

儿童自我状态也可能不同。儿童自我会让您变得自由自在、充满创造力、欢奔乱跳。它给了您前进的力量，让您感到无限的喜悦，引导着您的兴趣和您的事业。但它也可能是脆弱的、容易抱怨的、软弱的、战战兢兢的、沮丧的。它并不期望可以不断探索生活的各个方面，可能它只想做一件事，即隐藏和保护自己。您要明白它想躲避谁？是的，它想要躲避的是批评型的父母。

批评型的父母会养育一个所谓的有适应性的孩子。这种孩子只有一个目标，即竭尽全力去赢得父母的爱。您的儿童自我似乎在说："是的，当然，我是最没用、最可怕、最懒惰的孩子，但是请不要骂我！我什么都会照做的！"

这种行为模式从根本上削弱了您的创造力并抑制了您的表现力。有时，您会在和孩子交流时把积累的埋怨和生气以一种自然的方式发泄出来，于是一个叛逆的孩子就会出现。我认为，您通过自身已经多次验证了这一点。叛逆的孩子通常出现在您精疲力竭的时候，即当您责骂、喊叫、哭泣、试图尽力至少从您所爱的人那里夺取一点爱时，您忘记了首先必须在自己的内心找到这种爱。

和批评型的父母相比，支持型的父母培养的孩子完全不同，他是自由的。他内心的感觉是多么的温暖和愉快啊！这样的孩子很有安全感，所以表现得很轻松。他知道父辈自我不会让他做任何愚蠢的事情，会给他暖和的衣服，按时的早餐和充足的睡眠。自由的孩子很容易探索外面的世界，坦诚地面对自己的感受，因为父辈自我总是支持自己，随时用温暖的话语安慰自己并给予必要的建议支持自己。

我觉得有必要强调一下这一点，所有的这些角色都共存于您的大脑中并同时发挥作用。当然，这样的认知背后是您无法改变的多年的生活经验，但此刻您是"演出"的导演。您的父辈自我是什么样完全取决于您，而您的创造力、自发性、能量来源（内在的儿童自我）的发展则由您的选择来决定。

内部关系和外部关系是按照相同的规则进行运作的。

让我们想象这个情景并反思一下，持有不同标准的父母的表现。

妈妈和女儿正坐在桌边做作业。已经过去很长时间了,女孩也累了,但还有一道题没有解决,而且这道题还很难。孩子开始有点心不在焉,她望向窗外,坐立不安,也听不进去妈妈的解释。

事件的后续发展会如何呢?

批评型的父母:"别再开小差了!怎么?你已经不能集中精神了吗?我们已经坐在这里两个小时了!要是这样,你明天考试就会不及格,你知道吗?你赶紧振作精神,别再耍滑头了,怎么回事,你真的不明白吗?!"

适应型的孩子:我脑子里很糊涂,思绪也很混乱,我想让自己集中精神并尽量搞清楚,但由于妈妈的责备我觉得很害怕,一点力气也没有了。

支持型的父母:"哦,我的宝贝!你累了吧?你现在只想看看窗外,对吧?我陪你好好休息一下吧。你的大脑的确太辛苦了,你看,你都做了多少作业啊!就剩下一点点了,然后你的功课就会完美完成了! 我们先休息10分钟,你想怎么放松?我们是去喝点茶呢还是去大的房间放松一下?"

自由型的孩子:欣然同意休息一下,10分钟后很容易就理解了对自己的要求并完成了任务。

我想让您从这个例子中得出这样一个重要的结论：只有支持型父母和自由型孩子之间的关系才会激发力量。因此，如果您想要更高效、更好地完成每一件事情，如果您想让您发展得更好，您必须关注自己的需求并关爱自己。要想成功就得受累，这就是一个悖论！如果您想解决一些问题，就得允许自己不去做一些事情。重要的是要记住，支持型的父母不是对孩子置之不理的人，也不是忘记孩子的存在的人。他们能保证孩子有充足的睡眠，帮助孩子恢复体力，也会激发孩子做事的兴趣和乐趣。

成年自我在这个系统中的作用是什么？它是您理智的一部分，也是常识的一部分。借助它您能够判断是否真的需要在晚上11点洗碗。成年自我决定行动的必要性、顺序和优先级别。成年自我知道如何摆脱特定情景及告诉您在每个特定情况下需要做什么，它可以清醒地判断他人、自己及环境的状态并做出正确的决定。

成年自我是您的大脑，儿童自我是您的内心和能量，父母自我是您必备的安全气囊和"救护车"。请记住，您并不孤单。支持您的部分无时无刻不在您的体内。

实践练习

请连续观察自己几天，然后写下您内心批评型父母关注的情景。如果您能学会在自己身上发现它，那您已经做得很好了。然后按照我在本章前三个例子中描述的那样，将它所说的话语重新表述为支持型父母的话语。习惯并不是马上就能养成的，要时时刻刻做好准备。这么多年以来，您都是在责骂自己，靠批评型的父母给您动力，所以不要苛求立竿见影的效果。但一旦您内心的儿童自我不再害怕，您就会惊讶地发现，原来您是知道如何去温柔对待自我的，要是这样，那一切就会变得更好。它会立即以感激之情回馈您，您就会更加充满力量，您的心情就会好转，生活也会变得更加有趣。您也可以将您的经验传授给您周围的人。不知您是否同意这样的观点：只有当自己能够做到时，才能去教别人。一旦您内心支持型的父母足够坚强和自信，您就可以与您的丈夫或其他亲人分享自己的心路历程了。最重要的是，您未来将成为您自己孩子真正的支持型父母，而您的孩子，和地球上的每个人一样，最需要的正是这一点。

结 论

阅读完第一部分后,您就会知道:您在哪里,您要去哪里以及从哪里获取力量,从而让自己快乐而最高效地走过这条路了。

您通常会如何计划您的假期呢?您是不是会选择一个地方,然后阅读一些信息,确定想要参观什么。您准备得越充分,旅程就会越精彩。接下来,您的旅途将不那么条理化了,它将会更加复杂。我想请您特别关注一下您的情绪、想法、解决手段和恢复内部资源的方法,这并不是徒劳的,您现在正需要这一切。

请您浏览以下列表并检查一下是否忘记了什么事情:

1. 您已经明确自己目前的状态,而且能明白内在的困难和未解决的问题。

2. 您提出了需求并且知道您想要改变的正是自己及您与孩子的关系。

3. 当您有了额外的想法时,请把这些想法贮存起来,它们可以在艰难的旅程中帮助您恢复力量,并给予您支持。

4. 当您遇到了支持型的父辈自我时,至少要相信,它真的时刻就在身边并时刻准备着去保护您。

现在您已准备好继续前进了。在接下来的章节中,您将深入人类隐藏的世界,观察其最黑暗的地方,找寻您内心的所有创伤和需要帮助的部分,并温柔地抚慰他们。

第二部分
生气是为了拯救妈妈

如果真那么简单就好了！在某个地方有一些坏人，阴险地干着坏事，只须把他们同其余的人区别开来并消灭他们就行了。但是，区分善恶的界限，却纵横交错在每个人的心上。谁能消灭自己的一小块心呢？

亚历山大·索尔仁尼琴

全球数百万的妈妈都有同样的经历：她们会对自己的孩子发火。我们假设她们的做法都是错误的，但不发火真的就对吗？我有两个理由可以证明为什么不对。

第一个理由非常简单。生气是一种情绪，它总是在某种刺激下才会产生的。一些妈妈可能会"崩溃"，会对自己的宝贝大发雷霆；另一些妈妈则会一笑而过，因为很快心就软了。但是"崩溃"不是一下子就产生的，也就是说需要分析刺激的由来，并分析一下该如何理解这些刺激，而不是分析妈妈。

心理学家和医生多年的研究和观察也证明，"妈妈生气是不对的"这个观点并不正确。在和您的交谈中，我也参考了他们的研究成果。他们不仅研究亲子关系中敌意的产生，还研究这种情绪产生的好处及必要性。或许大家都知道，在没有人类语言的环境中，孩子是无法掌握语言的。生气亦是如此，如果一个孩子不曾面对过自己的生气情绪及母亲的生气情绪，他就不可能健康成长。

如果大家依旧不信任自己，而且还常常想"嗯，我生气了，那肯定是我有什么问题"，那就请试着观察一下自己，反复咀嚼一下这句话并检验一下这个想法：对孩子生气的妈妈是正常的，绝不是不正常的。

生气的原因可能不同，造成的后果也不同。在我的这

第二部分 生气是为了拯救妈妈

本书中，我想暂且将生气的所有表现划分为两种：为了拯救妈妈的生气和为了让孩子进步的生气。相同情况下，父母对孩子生气，可能是为了保护自己免受内心和外部"恶龙"的伤害，也可能是为了确保孩子能够正确、协调地成长。

第一种生气，简言之，可以称之为绞肉机。家里有绞肉机这样的东西是很有用的，但千万别把手指伸进去。如果您按照说明书使用并遵守相应的安全要求，那就可以做出很多好吃的东西。但一旦您分散注意力并打开自动工作模式，就可能会受伤。这种用于自我保护的生气对您的生存至关重要，没有它我们就无法存在。从我们允许的情感列表中将其删除将是一个巨大而愚蠢的错误。但是一旦情绪无条件支配您时，您就区分不了自己人和其他人了，靠近您的每个人都有变成肉沫的危险。

第二种生气则完全相反。尤其是当您不时地遇到您所谓的"绞肉机"时，您就会不自觉地产生"一朝被蛇咬，十年怕井绳"的想法。当您明白生气（首先是对您）有多大的破坏性时，您就会尽量减少生气的次数。但在某些情况下，它是以一种很自然、很随意的方式出现的，以便及时向孩子发出一种信号，让他知道界限，并随时保持必要的距离。

明白生气的类型是一种大智慧。正是这种能力让您信心满满。

在这一部分我将讨论第一类的生气,即研究一下妈妈用于自我保护的生气。请不要将这一部分视为您需要尽快清除的杂草,它是我在《序》中谈到的魔法森林。

在整个生命中,您的心理都在自我保护,如面对并不总是善解人意的妈妈、与同学关系不好、专业学习上的困难……在成长的过程中,您会面临各种各样的困难。为了保持身心健康,可能每一次的心理纠葛都是一次保护自我的过程。有一个非常重要的观点:人类所有心理防御的形成都是为了生存。在这种机制内的生气情绪也具有相同目的。

心理就好比一株脆弱的攀缘植物牵牛花,它使用上帝赐予的一切东西作为支撑,生锈的街道围栏或温室中的格子。为了自身的发展,您也在竭尽全力紧紧依附周围的环境。即使您不喜欢这个栅栏,但突然拆除它就会破坏您自身。于是,您还得小心翼翼地选择一个新的支撑点,这样,牵牛花才能蔓延生长到更合适的地方。

牵牛花抽枝发芽的插图直接反映了您的问题。现在就请停止喊叫和生气,打个莲花座,温柔地看着丈夫和孩子,这简直是一个致命的"乌托邦"!要知道,您的"牵牛花"可能把生气看成了它唯一的支持。您还记得，您是在和一条金鱼说话吗？您认为，您可以向它提出这样的请求吗？我并没有要求您立即停止生气。如果这样做，不仅会影响孩子的发展，您还要面对自己的创伤。记住，如果没有这种情绪，您就无法生存。

因此，请您首先耐心且细心地对待自己吧，只有这样，您随后才能耐心且细心地对待您的孩子。为了给您的"新芽"提供新的支持，您必须对它表现出敏感性和同情心。

第五章
小女孩的故事

我在森林里遇到了自己的小女孩。这发生在几年前8月在喀尔巴阡山脉的一次特殊心理实践中。领队带领10人组成的小组为自己随后的独自发言做准备。我需要独自一人在森林里花4天时间面对自我，寻找自己内心问题的答案。我不知道您是否一个人晚上在森林里待过，这是非常可怕的。当然，从客观上而言其实并没有危险，多年的实践经验让我对此深信不疑，但内心的恐惧却抑制不住地阵阵袭来。

夜晚的森林充满生机。它像投影仪一样，放大了人类内心的所有恐惧和疑虑。任何的沙沙作响都会让我觉得野兽即将来袭。我盯着树木的轮廓，就感觉看到了一个可怕的疯子，手里拿着一把刀，隐藏在那里。

正如您所知，想要冷静下来并入睡是不可能的。

在第二个不眠之夜，与其说是绝望，不如说是理智的驱使，我想起了领队的话。她预先警告了恐惧的存在，并建议我和"小的自我"一起散步。在我还不明白这一切是什么意思时，我就想象出了一个小女孩丽达，她只有五六岁左右，穿一身白裙，柔弱的肩膀因为恐惧而紧缩着，瞪着一双像是将要被猎杀的猎物一般的充满恐惧的双眼。小丽达就像是一只被收留的街头小猫，这时候新主人准备带她去洗澡，她却不安地拼命抓挠。我应该怎么办呢？我拉着她的手。渐渐地，她那双由于惊吓而湿漉漉的小手在我手掌中暖和起来。我尝试轻声与自己的小女孩交谈。我把她拉到身边，拥抱她，在她耳边低声说着她可能从未听过的话语。这些话语我在幼儿园当老师和心理咨询师时，对孩子们已经说过无数次了，却从来没有对自己说过。小女孩渐渐平静了下来，恐惧也消退了。

那天晚上，森林里繁星点点，一切平静而安详。我度过了剩下的时间，内心则关心着这位小客人，我承认，我在她身上看到了自己的弱点。

这个故事听起来像是对精神病发作的描述，但事实并非如此。我没有吸食禁药，也并没有发疯。再说了，想要遇见内心的小女孩，不一定非得走进森林，独自坐在星空下。其实，她一直在您身边，掌控着您的行动和决定，但她本身也需要被保护：现实生活中的恐惧并不比我在夜间森林中感受到的少。

发现她，了解她，才能真正地了解自己。

内心的这个小女孩可以教您如何区分您的情绪，告诉您她什么时候累了，她什么时候想摆脱这种不符合现实的生活。我通过实践和心理治疗认识了她，然后她成了我的导师。内心的小女孩告诉我如何关心自己和照顾自己，她就像一个实时监控我内部状态的精密设备。当然，我想更清晰、更频繁地倾听她的声音，或许，这就是我心理研究发展领域的主要目标。

现在对我而言，重要的是要让您认识您内心的小女孩，毕竟，她将成为您从 A 点到 B 点的向导。

无意识恐惧

曾几何时您内心的小女孩就已经出现了。我不知道您是在怎样的环境中成长起来的，父母是如何养育您的，但每个人的生活都充满烦恼：酗酒的父亲或严厉的母亲，冷漠的兄弟或嫉妒的姐妹，缺乏自由或满是冷漠，复杂的环境，疾病，不幸福的爱情，等等。只有童话故事中和大约1%活着的人拥有绝对无忧无虑的童年和心理上健康和谐的父母。现实生活中的人常常面临伤痛，因为生活似乎就是这样，充满了爱，也充满了悲伤，必须适应这一点。每个人都拎着一个装满过去经历的大箱子。现在来整理一下它，把需要的东西整理好，摆放好，把没有用的东西留给需要的人或扔进垃圾桶。

小女孩是一种形象，一种象征，她可以让您更好地了解自己。但这一形象并非适合所有的人，因此有些人看不见她，也无法认识她。但是，她确实存在，只要您倾听自己的内心，诚实地审视自我，或许您也会找到另一个更适合您的形象，或者保留对您而言更合乎逻辑的感知。

还是以箱子为例，里面装有您与世界互动的所有经验。很可能，您现在需要的其实只是几件轻便的衣服，但您却坚持拖拽着积攒了所有"负荷"的箱子，因为您也会担心天气变冷或雨季提前来临。

若您曾经经历过危险，那在心理上绝对不会就此放弃对其的防御机制。如果您需要自我保护并在心理上存活下来，那您的小女孩就得到拯救了。她长大了，生活发生了变化。您离开了您的父母，开始和您的丈夫一起生活，也有了孩子，但心理防御机制并没有任何变化。您在心理上总是会采取保险措施以防再次遭遇不幸。现在虽然您不再需要用凳子去捍卫自己和坚持自己的底线，但小女孩却记得这种交流方式，在紧急情况下她还会使用同样的方法。

现在我会和您交流几个案例。

有一位妈妈抱怨说，她没有办法忍受每次领3岁女儿出门时都要准备那么长时间。每次都一样！原计划早上10点离开家，但最终都得快到11点。妈妈让孩子穿衣服，但孩子却沉浸在自己的儿童厨房里做汤，完全不想被打断。最终的一切通常都会以喊叫和眼泪结束：妈妈受不了了，气急败坏地给女儿穿上了衣服。

我们来分析一下。

"我很生气，坐立难安，紧握拳头！我觉得自己很无助，一切都没有按计划进行，这让我很不舒服。有了孩子，我什么都计划不了！"

其实问题的根源在这里：这位妈妈与自己父亲的关系很紧张。因为父亲酗酒，所以根本无法预测他的行为。小女孩对父亲的酗酒行为和情绪波动感到无能为力。今天爸爸还是一个和蔼可亲的父亲，可能明天他就完全不像他了，就会变成一个可怕而危险的人：陌生而空洞的双眼，因愤怒而扭曲的嘴巴。一天，他们本来打算一起去动物园，但最终结果却是待在了家里，哪儿也没去成，因为父

第二部分　生气是为了拯救妈妈

亲忍不住喝了酒。妈妈虽然吵闹了无数次，但爸爸却总是恶习难改。女孩由于在生活中缺乏支持和安全感，所以觉得很辛苦。

在现实生活中，当女儿不肯出门时，妈妈就会想方设法从箱子里找出一些现在对她有用的东西，但这些东西大多是以前生活中不需要的。此时此刻，虽然没有酗酒的父亲，有的只是一个3岁的孩子和强大的心理防线，但每一次的散步都让她重新回到童年，在那里有一个无法控制的酗酒成性的成年人。在她生活的其他方面，如工作中，在与丈夫的关系中，同样的情况也会让她崩溃。

妈妈的个人情感让我有了重大的发现。您知道现在这位妈妈会怎么做吗？每一次，当她发现自己处于无助和无法预料的境地时，她都会想象内心的小女孩，都会拥抱她，并承诺要保护她免受任何危险，她做了自己童年最缺乏的事情。小女孩开始信任她，慢慢地就把旧箱子里不再需要的东西扔掉了。

当然，这个女人还有一项重要的工作要做，但她已经知道该怎么做了。现在她不仅会关注不想穿衣服的女儿，还会关注自己内心的感受：她内心的小女孩现在是什么感觉？如何可以帮助她？

还有一个妈妈，她小的时候是个乖乖女，浅棕色的小辫子上扎着蝴蝶结，考试全是高分，堪称周围淘气包的榜样。女孩长大了，成了一个好奇心重而且好动的男孩的妈妈。在孩子两岁半的时候，妈妈带着孩子来找我，她开始抱怨孩子的行为。

"我简直没法带着他去逛街！他的行为让我感到非常羞耻。我不可能给他买所有的玩具啊！但他不明白这一点，趴在地上，大发雷霆。路人都看他，不少人还说'真是太丢人了！'"

我和她进行交谈并讨论。继续拿箱子来做比喻吧。箱子里似乎应有尽有，有连衣裙、短裤、同情心，还有对儿子的爱。但是，当我询问这个女人，她是在什么时候感觉羞耻时，我在她的箱子里发现了一件破旧的"切布拉什卡"皮大衣。

这个自信正直、义愤填膺的妈妈瞬间变成了惊慌失措的戴着蝴蝶结的小女孩。她讲述了小时候父母是如何强迫自己重抄笔记的事情，他们会因为自己考不了高分而羞耻。禁止她快跑、禁止她笑出声、禁止她不体面、禁止她头发散乱、禁止她不整齐、禁止她让人不舒服……

她内心的女孩到现在仍然觉得很羞耻。似乎，购物中心的所有人都会责备她，包括那个懒洋洋的环顾四周的保安，还有那个平时忙着做生意，一心只想着自己事业的女人。要知道，所有人都看到了让她感到耻辱的场面，看到了她错误教育的结果：孩子在地板上打滚，要求用妈妈1/4的工资给他买一个乐高积木。

身边的人一下子变成了昔日的幻影，准备随时突袭她和羞辱她。内心那个戴着蝴蝶结的小女孩既感到害怕又感到羞愧，她认为自己会因为不可原谅的错误而让所有人失望，而这种可怕的紧张局势只能通过对儿子的愤怒吼叫来缓解。

我询问现在坐在办公桌对面的这个35岁的冷静的成年女性，在这种情况下她看到了什么？

"太神奇了！我居然看到了两个不认识的小孩子是如何应对这种情况的。我很想拥抱一下戴着蝴蝶结的女孩，告诉她，她可以摆脱束缚了！当然，小孩子没有任何过错，完全可以不惧怕任何人，因为我就在她身边，我爱她！我也很想走近我的儿子，真心替他感到惋惜：乐高自卸车的确很酷，但是很遗憾，我不能买。"

内心的小女孩发现了羞耻，由于害怕被拒绝，所以她向她的儿童自我部分求助，女人只能看到曾经帮她赢得爱的东西：要一直保持最好和最正确的样子，日夜无休。正如您所见，引发她愤怒的并不是她的儿子，而是多年前出现在她生活中的对达不到高标准的恐惧。

这些案例展示了无意识广阔而无形的空间领域，它不断影响着您的生活。您心理空间中只有一小部分是处于现实状态的。

"这是我，这是我的孩子，"您有意识的部分争辩说，"我已经成年了，我很强壮，但他还小，需要我的帮助和支持。"似乎一切都很简单。似乎只有当对现实能够如此纯粹地感悟时，您才能成为世界上最幸福的妈妈！但无意识总是如影随形，并保留着过去的经验。小女孩知道这有多么的糟糕和痛苦，于是继续发出她的需求信号。这就是"永恒的现在"，正如心理学家哈维尔·亨德里克斯和海伦·亨特在他们的书《相爱一辈子》中描述的那样。他们专门研究夫妻之间的关系，但其实这适用于任何关系，尤其是母子关系。

您心理中的有意识部分会根据逻辑和健康的思维来评估现实并发挥作用。它看到了世界原本的样子。它会分析，具有意志力，能分辨好坏。您知道，对孩子喊叫，甚至是打孩子，都是不好的，而且没有必要。毕竟他还是个孩子，才刚刚学会认知世界，难免会犯错。

无意识部分按照完全不同的规律存在。它与大脑中负责长期记忆的区域，并作为强烈情绪中心的边缘系统直接相关。这种古老的大脑结构与语言无关，因此很难找到描述无意识体验的词语。就好像装在瓶子中的镇尼（《古兰经》中所说的安拉从"纯洁的"无烟之火中创造的精灵），要去一个地方，但却不知道去哪里；要带来一些什么，但却又不知道是什么。

请您想象一下您在岸边看到了不可能看见的巨大暗流，您只要靠近一点就可能被淹死，这就是无意识。这个庞然大物影响着您的生活，但对它而言，一切都无所谓：现实世界在哪里？强大的母亲在哪里？孩子在哪里？它以记忆和经验为生，它的目标只有一个——确保您的安全。

您对孩子生气是无意识行为。古老的大脑和内心的小女孩觉察到了危险，于是急忙前来通报。

实践任务

您现在感觉如何？读完这一章，您可能会感到无聊，或者感到悲伤和孤独，或者感到害怕，或者您可能会感到生气。上述情况都是正常现象。当您自我反省，也就是探索自己的内心世界时，难免会遇到阻力。大概是时候重读有关资源的那一章节了。请烧一壶水，给自己沏一杯好茶，让亲近的人紧紧地拥抱一下自己，寻找思考自己过往的力量，在什么情况下您最常"忍受"。当您意识到自己正在与现实脱节，并发现自己处于无意识过程的迷茫状态时，孩子就不再是一个小小的被爱的人了，而您又怎么可能是一个深情款款而宽厚温柔的母亲呢？

请描述一下这些情况。最初您想喊叫和崩溃，但您关注了自己的感受和身体的感觉（如果您已经完成了第一部分的任务，那您已经知道如何做到这一点）。描述您的内心情感并尝试确定以前是否发生过类似情况。您内心的小女孩目前正在经历什么？她真正想要的又是什么？

在这本书中您要学习如何在自己内心建立新的联系并获得新的经验。内心深处的小女孩通过岁月喊醒了您，并能够最终表达她的需求，这一刻可能突然就会到来，请时刻准备好去倾听她的声音，并按照她的要求去做吧！

第六章
我们为什么会充满憎恨？

"丽达，我有可能根本不爱自己的孩子吗？"

这个问题是不是让您觉得一股寒意袭上心头？但我几乎每天都会被问到这个问题。我可以负责任地告诉您，的确，实际上每个母亲一生中至少有一次会产生这种想法。为了让生活变得简单，我们真的很想把世界分成黑色与白色。这虽然是可能的，但却是不允许的。怎么可能这么简单？！将白色的保留在心中，将黑色的扔进垃圾桶？很遗憾，这是不可能的。

看看您现在的窗外是什么？我的窗外是十二月一个最普通的飘雪的天。早上当我煮咖啡时，久违的阳光让我很惬意。因此，我决定晚上去外面走一走。我要戴一条巨大的、能围住眼睛的围巾。这有什么黑白和好坏之分呢？这就是平凡生活中最平凡的一天，能拥有它就是再好不过的事了。其实，情感与气象站的数据非常相似，始终处在变化中，有时又相互矛盾，可能稳定，也可能不稳定。人的目标并不是止步于无休止的"20℃—22℃，无降水，风速1.5m/s，地磁场平静"，而是要允许自己有不同的"天气状况"，要明白和感受这些"天气状况"并为此准备合适的衣服。

母子间的关系是最复杂也是最丰富的。回想一下，当您和孩子准备去散步时，他都过了一个小时还是没有穿好衣服；昨天晚上要上床睡觉时你却怎么抱他都抱不够；扔得满地的玩具；学会的第一首诗；突然冒出一句"妈妈，我好爱您"。即使在短短的一整天内，我们的情感波动也会很大：赞叹、憎恨、生气、感动……我们总是想挽留这一刻，或者期盼尽快度过这糟糕的一天。

"或者，也许也可以不生气？要知道这才是一个好妈妈该有的样子！"

在本书的第三部分，我将详细讲述妈妈应该怎么做，但现在我要重申：摆脱生气的情绪是不可能的。处理这一"负面"情绪的唯一方法就是要发现它们并仔细分析它们。

接下来一切就会简单多了。当孩子感受到您的关注后，他的压力就会减轻，也会很快地融入并适应和谐的生活模式。如果您明白您过去的经历及其它对您现在生活的影响，如果您能了解您内心小女孩的需求并保护她的安全，如果您能了解您目前的愿望，您与孩子的关系就会变得更加平等与和谐。您的压力和焦虑就会减少，您就会更信任自己和孩子。

"负面"情绪代表着急需您支持和关注的领域，用其他方法是不可能找到它们的。

不要喊叫！

不愉快的情绪和生气往往会引发强烈的焦虑，这就是为什么我们都如此渴望变好并假装负面情绪不存在。为什么会这样？让我们再次回来看我们内心的小女孩。

假设您现在三岁，您正坐在房间的地板上，兴致勃勃地从盒子里拿出所有的玩具。您很喜欢它们，感觉自己精力充沛，可以把玩具拿过来，然后再扔过去，可以认识这么多的东西，还能拥有它们。现在整个世界都属于您了！您还记得这种感觉吗？您可能会有一些旧照片，它们定格了您喜欢的事情，您可以帮自己回忆一下那时的感受。

就在这时妈妈进来了。

小女孩开心地向妈妈展示自己的成果，但妈妈的表情已经发生变化，她脸上满是疲倦和烦躁："快收拾好一切，十分钟以后我们要出发去诊所。"妈妈一只手抓着孩子，另一只手试图扒拉开玩具，如果有第三只手，那一定会用来阻止孩子抗议的哭喊，但是很可惜，没有。于是妈妈只能提高声调："别哭了！我已经说过了，我们需要出发了，我刚离开房间一会儿你就把这里弄成这样了！每次都是这样！"

您觉得很委屈，本来认为可以分享自己的快乐是一件美好的事情。您也很生气，因为您的游戏被中断了，有人闯入了您的空间，把漂亮而精心设计的装置破坏了。您也想哭，也想大喊，但却被禁止了，因为您能感觉到和妈妈的这种联系断了。妈妈并没有参与其中，她生气地整理着玩具并粗暴地给您穿上了衣服。您内心深处感觉，您感情中最重要的东西——母爱可能被剥夺了。

以前，您可以只是躺在您的婴儿床里睡觉。当您做了一个可怕的梦，或者饿了，或者牙疼，或突然醒来后迫切需要母亲的温暖时，您就会大哭大喊以请求援助。在这个年龄，孩子还很难区分自己的感受，他所有的感受都会凝聚成一团：恐惧、生气、孤独、身体不适等。这时您需要妈妈，她应当帮助您摆脱这种恐惧！妈妈终于来了！无数个深夜,她抱着小女孩,妈妈因为疲倦而生气。当妈妈需要克服睡意和无助时,她怎么可能温柔?因此妈妈可能无法给孩子必要的温暖,相反只能是一双冰冷的双手和小声的唠叨。

您安静下来了,因为妈妈最终还是来了。您知道,如果您大喊大叫,迟早会有人听到您的声音并过来帮助您。那个时候您冲着妈妈大喊大叫,现在是冲着亲近而重要的人。但是内心已经积累了这样的经验:负面情绪是不好的,它会破坏您需要寻求帮助的人对自己的爱。

以前,妈妈会对您的行为表现出不满,她会以很明确或以更复杂的方式去表现,例如,冷落您或让您自己觉得内疚。您可能每天在家都能遇到别人不顾及您情绪的情况,或者可能只是偶尔听到"别再喊了!""你可是个女孩子!""您不能冲妈妈生气!"。妈妈向您传递了信息并强化了结果。爸爸、爷爷和奶奶都各司其职。书籍、电影、教育家、教师沿着这条康庄大道,在肥沃的土壤上撒播着种子。而您心理上容易接受和发展的都是您从小就已经熟悉的东西,于是就形成了一个由各种规定构成的强大的基本框架,例如,要做个好女孩,永远也不要生气,别总是勇于维护自己的权利,不要干涉别人,不要总是寻求帮助等。

最终结果就是小女孩不再倾听自己的声音,不再关注自己的感情了。如果禁止将这些展示给他人,倾听的意义又何在呢?这很危险,而且后果很严重。原本属于他人的内心声音逐渐成长起来并占据了相应的位置,如今它已经完全主宰了您的生活。现在,您会因为表现出焦虑、羞耻、内疚或缺乏活力这种不舒服的感觉而惩罚自己。

请稍作停留。请看一看窗外,听一听自己内心的感受。当我写下这些话时,我感觉自己有点难过。内心的小女孩喜欢被人谈及,喜欢被人关注,她需要爱。曾几何时,我们都还是孩子,都无法改变自己的生活,而现在我们变成了成熟、漂亮、了不起的女人。当了妈妈以后,您就知道应该如何关心您内心的小女孩了。您要让她重新体验、了解和表达自己的所有感情。

阴　影

为了说明无意识,即内心不可见且难以研究的部分,我已经运用了很多具体形象去说明,例如存放着各种物品的旧箱子、在岸边看到的巨大暗流。在心理学理论中,无意识是主观无法控制的心理区域。它存在并影响着我们的行为,但我们却不能随意操控并擅自改变它。只有仔细审视自我,我们才能发现生活中潜意识的表现,才能了解我们隐藏的动机。

卡尔·古斯塔夫·荣格通过定义人格阴影补充了对无意识的理解，它是我们心理中隐藏的阴暗面，与我们有意识的形象相反。当然，我们只想看到自己最好的一面，希望通过教育使自己符合教养的需求和人类的理想，因此不符合上述描述的所有东西都会被送到阴影中，并希望可以不去面对它们。

荣格精神分析师罗伯特·约翰逊在他的《如何掌控您的阴影》一书中写道："当我们开始研究文化时，我们将上帝赋予我们本质的特征分为社会认可的特征和需要隐藏的特征。这个过程非常重要，也非常必要，因为没有善恶的分离就不可能学会文明行为。"

因此，所有那些不被父母、家庭、周围环境承认的一切，所有那些让我们无视自我、不爱自我和轻视自我的一切，都已经超出了我们的意识。那就这样吧，有什么不好呢？

假设我们要制作美味的饼干。我们现在有一块很好的面团和一个漂亮的模具。我们使用模具雕刻和切割我们想要的饼干形状。社会环境只培养我们那些适合它的品质。

有的家庭选用了正方形模具，有的家庭选用了圆形模具。在西方国家，饼干一定是单个的、夺人眼球的，而在东方，饼干上肯定会撒上一层面粉，形状也很朴素。应该让每个人的面团都独具特色，但与此同时，我们还需要遵照提供的形式，否则，就无法成为一个有价值的、成功的社会成员，无法找到伴侣，无法组建家庭。

但是如何处理"生产垃圾"？其中包括多余的面粉、从桌上收拾好的碎屑和仍然可以派上用场的优质面团。有些人很轻率，把所有东西都扔进了垃圾桶，然后擦干净桌子就算完事儿；有些人会把它们放进冰箱；而特别负责的家庭主妇会马上行动起来。

我们也会经常面对自己的"残渣余料"：所有那些不符合标准的"饼干"仍然摆在桌面上，它们慢慢变干，然后会一直影响我们的生活。饼干与我们不同，它们无所谓，而一个人是否能发挥自己的作用，是否快乐则取决于如何正确处理这些"没有用的面团"。换句话说，即如何处理自己的阴影。

我们一生都在按照所谓的尺寸雕琢自己，摒除身上多余的东西，抑制不必要的情感。于是我们身上很大一部分东西就被剥夺了，其中有好的，也有坏的。只有合乎规范概念的东西才属于我们，高于和低于常规值（意味着更好和更坏）的所有内容都必须隐藏在阴影中并与其断绝关系，还得假装并不存在阴影。我们的任务是将那些由于错误而被丢弃的东西找回来。

没有阴影，人就不可能存在。在许多文化中，它是灵魂的同义词，它是我们的双胞胎，也是我们的重要组成部分。阴影中的确包含了一个人不想成为的一切：有好的，也有坏的。荣格揭示了个体最重要的谜团并证实：阴影与个人意识生活的联系越少，它就越黑暗，就越厚重。通过研究自己丑陋的一面，我们才有机会改造它们，将它们当作资源利用，充分消化和吸收它们。如果一个人的阴影面被压制，与意识隔绝，那它就将永远无法得以纠正。

诗人威廉·布莱克说得非常好。他说，我们应该去天堂寻找形象，去地狱寻找能量，然后将两者结合起来。只有当我们能够转向我们内心的天堂和地狱时，"创造力的最高形式才能出现"。

如何将我们的阴影和我们习以为常的一个有教养的小女孩形象联系在一起？我现在并不是说，我们应该直接并同时做这两类事情，比如说一边将老奶奶扶到马路对面，一边做着脑袋里出现的令人讨厌的事情。这与行动甚至与思想无关。正如一个有爱心的女主人，她应该了解自己房子的每个角落，保持清洁并使用其所有空间，因此我们应该非常熟悉我们的灵魂和它的阴影。

对阴影的无知会给我们造成严重的后果。

力量耗损

让我们回忆一下自己是如何试图放弃一些既渴望又被禁止的东西的：禁止上社交网络，禁止吃甜食，要按时完成工作，不要受外界因素影响。拒绝的痛苦以及让自己信守承诺的不断提醒会导致挫败感。直觉而言，严格禁止并不是解决问题的最佳方式，但我们不知道其他方式，于是我们去禁止，花费大量精力安抚我们的欲望，但"堤坝"仍然会被冲垮。

无意识中的过程同样也会发生在我们的意识之外。我们虽然看不到抗争，但出于某种原因，我们会有疲倦感和沮丧感。我们想要有意识地控制自己的情感，当它们还没有出现时，我们就会用尽一切办法去平息它们。无知并不能免除责任，在这种情况下，我们就要耗费个人的生活精力。

资源匮乏

我们除了每天都要隐藏自己的阴影（这是一项需要消耗巨大能量的工作），还会无视阴影本身带来的自然资源。什么年龄时我们的精力最充沛呢？当然，是小的时候。看一看您的孩子：他们时刻准备着探索这个世界，按照自己的喜好去尝试、冒险、玩耍、建造、破坏、任性、奔跑、交流。再看看现在的您：一心梦想获得充足的睡眠，抓住每一个机会"躺平"，只要是不必要的事情就绝不会产生任何兴趣。孩子的阴影还没和孩子分开，他还在学习文化规则的过程中，很快他就会走上社会化道路，养成良好行为，在这个过程中，他就会将自我放纵和恶作剧的行为，连同顽皮、自发性、好奇心和对生活的渴望一起隐藏到灵魂的秘密角落。"别跑！""别喊！""冷静点！""别爬！""别问太多！"——我们要求自己的孩子这样做，因为我们的妈妈就是这样要求我们的，而我们的外婆也是这样要求妈妈的，祖祖辈辈始终如此。克制本能和了解社会生活规律对我们来说很重要，但之后更有价值的是归还本应属于每个人的一切。

阴影破坏

如果我们认为自己是一个从不犯错、能够掌控一切的人，那么这只可能是自信过度。一个女人在做妈妈时会经历各种各样的感受。如果在咨询时她说她感受到的只有爱，那我会选择一个更舒服的姿势坐在椅子上等待给她"下套"。"融合"阴影的主要机制有两种：一种非常简单，一种则神秘莫测。

假设有这样一个妈妈（为了直观性，我选择了自己遇到的一个实际案例并稍作夸张），她说，她从来不生儿子的气，但不知为什么儿子总是做出一些令人生厌的行为。她知道教育的好处，因此采用了极其柔和及现代的方法。她不喜欢一些妈妈粗暴对待孩子的做法。这个妈妈积极地倾听孩子的想法并及时告诉他界限在哪里，家里的一切都安排得井井有条，她给孩子定了制度，立了规矩，并开展了具有发展性的活动。但四岁的儿子常常歇斯底里地闹，乱扔衣服，还打人咬人。

第一种机制如下：我会告诉这位妈妈说，我知道如何帮助她，她很受鼓舞，接下来我会与她一起制订一个工作计划……并约定第二次见面的时间，但这位妈妈不会再来了。她会以工作忙、生病或其他理由拒绝我。一想到需要面对自己某种复杂且丑陋的东西她就无法忍受，她会小心翼翼地将其隐藏起来，以防周围的人窥探。这位妈妈只不过是以这种方式"发泄"了她对孩子的愤怒。是的，从意识层面而言，她没有给孩子带来任何伤害，她也没有生气，但她却不知不觉地剥夺了孩子接受帮助的机会：她不听心理学家或教育家的话，不关注熟人的客观评论，还会贬低和她意见相左的人。这位妈妈的阴影，连同她的毅力，都会带来不好的结果。

下面的这个案例甚至更简单：有这样一位妈妈，每个

第二部分 生气是为了拯救妈妈

月一次，她都会因为儿子并不严重的任性行为爆发出火山般的愤怒，搞得家里鸡飞狗跳，最终一切都会以眼泪、道歉以及发誓来隐藏自己的阴影告终。她这样做的结果是什么？没错，下次爆发的威力会更大。在这种情况下，作用力总是伴随反作用力，甚至后者还会超过前者。

第二种机制让我既感到惊讶，同时又感到害怕。我们可以像用毯子一样用自己的阴影覆盖自己最亲最爱的人。我说这一点是想要特别告诉您，消灭阴影是不可能的，而且，尝试消灭阴影对他人而言是危险的。一个安静而有教养的妈妈会带着一个活跃而叛逆的女儿来接受咨询；一个能控制自己生活方方面面的妈妈会带着一个有发育障碍的孩子来接受咨询；一个明确无误地尊重社会法律和道德的妈妈会带着一个昨天从班主任那里偷了钱包的儿子来接受咨询。在这种情况下，我总有一种拼图被拆开的感觉：我看着妈妈和她的孩子，看到了两块边缘互补的拼图。它们是彼此隐藏面的完美体现。由于各种原因和描述的心理防御模式（在心理治疗中，这种防御被称为投射和投射性认同），这种现象是可能的。现在只需要了解主要内容就可以了。只要母亲不承认或不审视其丑陋的一面，孩子就会投射出妈妈的阴影。

正如我们所见，最好不要试图破坏或忽略这些您不想展露的情感和品质。首先，意识到它们很重要（我们将在下一章中讨论这个问题），这将有助于多次释放紧张情绪。其次，要学习与它们互动，此时语言、游戏和创造力（本书的最后部分会提到）是我们最好的"朋友"。

做妈妈是最激动人心和最多元的体验。

憎恨自己的孩子，不愿意和他亲近，对他的出生感到遗憾，这一切都会让我们感到恐惧，因为一切比正常心路历程"更糟糕"的事物都没有生存权。奶奶、丈夫和权威专家的建议会削弱妈妈对自己行为的自信心、对孩子的微妙感情及对自己直觉的信心。那些比我们习惯认为的"更好"的东西也不可能被接受。

我们对一切非常糟糕和非常愉快的事情视而不见，并把我们自己的阴影，即我们灵魂的一部分，变成了我们最大的敌人。

现在我邀请您去了解一下自己的情感。我们将讨论每个女人成为妈妈后会发生什么。

第七章
当我做了妈妈以后……

在这本书的开头,我引用了一些女性在她们做妈妈之后发表的不愉快的感慨。您可能会认为,这些都是罕见的,都是个案,但事实并非如此。我定期开设关于做妈妈后对一切充满敌意的在线课程,亲子关系的个别辅导,我听了许多女性的故事,在面对孩子的强烈情感中,爱并不是占据首位的。

在我组织的聊天中,最常见的评论大概是这样的:

"我没想到,居然有这么多人和我一样!我以前总以为是我的脑袋出了问题,这样的妈妈需要治疗。当我读到几乎所有的妈妈都在做类似的事情时,我如释重负。"

有一种观点认为，最负责的关系是情侣之间的关系，即男女之间的爱情关系。这是战争发动的原因，也是伟大艺术作品被创造出来的原因，是生命被毁坏的原因，也是找到幸福的原因。对此我表示同意，但需要补充一点：任何爱情关系都基于我们生命中的第一段关系——母子关系。当您拿起任何一本当代有关情侣关系的好书时，您都会发现，其中一半的文字都是在介绍童年的创伤及与父母的关系的。

基于我们在还不会说话年龄时接受的关系模式，我们建立了自己的生活。我们与朋友和陌生人交流的方式在生命早期就已经展示出来了。我们不自觉地根据我们婴儿时期的需求和我们生活中最亲密的人——妈妈和爸爸——的个性来选择生活伴侣。我们在很大程度上是在父母的指导下抚养孩子的。这并不意味着我们只是简单地复制他们的行为。这机制要复杂得多。

其实一个女人早在没有孩子之前就已经是妈妈了。您还很小的时候，就会晃着自己的布娃娃，用手边的材料给它们做沙拉。您还解决了布娃娃玛莎不愿意吃药的问题。您以您特殊的方式做到了这一点。您复制了自己母亲的模式，并加入了您自己的东西，形成了您未来的母性风格。然后，随着成长，您会和您的女性朋友们讨论您想要几个孩子，以及您是否想要他们，您会找一个什么样的丈夫，您会住在什么样的房子里。梦想很少能完全实现，但您的思维方式已经成形。直到后来您发现自己怀孕了，在那一刻，多年来在您内心积聚的感情爆发了，这一点也不奇怪。

著名精神病学家温尼科特这样说："母亲最了不起的地方在于她能够为孩子忍受如此多的痛苦，虽然很憎恶孩子，但又不对孩子进行报复，还期待之后的回报，虽然这种回报可能并不存在。"虽然这句话很让人吃惊，但它将有助于我们阅读这一章。

孩子偷走了我的身体

以前您只属于您自己。您可以吃薯条和面包圈，或者您可以计算卡路里，监控饮水量和饮食中的新鲜蔬菜量。从每年的1月1日起或开心，或内疚，或带着改变生活的承诺去健身房，或躺在沙发上看电视节目。您满怀各种情感做这一切，目标明确、有条不紊，不管是高兴还是悲伤，这一切只是为了自己。父母已经不再干涉您的行为，丈夫也很少有足够的力量影响您的决定，但后来"他"（孩子）出现了。

首先是在您的身体内部。他在您的身体里待了九个多月，借助您的身体发展。任何情感都有对立面。除了惊叹自己的生育能力、内在力量和发自内心的令人难以置信的源源不断的爱,母亲还要饱尝妊娠反应及整个身体痛苦恢复的煎熬。正如我的一位病人所说:"在我感受到新生命诞生的同时,我也感受到了一种新的死亡的开始。"生活中事件的多样性同样证明:光越亮,它投下的阴影就越深。

在分娩过程中,婴儿给产妇带来了很多痛苦,而母乳喂养往往伴随着更多痛苦。您需要节食,不能饮酒,日常起居必须规律。总而言之,您不能再以任何方式放纵自己,不管是身体上,还是心理上,您都失去了原本拥有的权力。所以,您会更加谨慎地开车,不敢坐飞机,不再坐出租车的前排座位。总而言之,您不敢再冒任何风险了。

孩子颠覆了您的整个生活,而且还证明,从现在开始您只有一件紧急而重要的事情,那就是他。您不能再继续一个人睡觉,甚至上厕所。有个人需要不断抱您、摸您、碰您、推您。您要时刻关注他的需要:散步时您不能再数乌鸦了,也不能再胡思乱想了。您要专注这个世界上最珍贵生物的最轻微的行动,他的安全是您的主要目标。

当然,这一切也带来了极大的乐趣。爱的感觉战胜了一切,让您感到满足,但有时它也是您内心痛苦的原因,因为您的自由被限制了,所以您也会反抗。

您可以用不配做一个好妈妈的想法来惩罚自己,鄙视自己，但这只会让您想回到那个孤独、只属于自己的地方。越是否认自己的感受，这些感受就越会不自觉地、秘密地通过他人之手表现出来。

这是怎么回事呢？

您生气了。这是非常普通，也是很常见的事情。冲孩子咆哮，疲倦的时候将他从身边推开，对小事挑剔、生气。您不想再把他抱在怀里，只想把他放在床上让他睡觉；不想抚摸他的后背，也不想让他的手触摸您的手、脖子、头发、肚子。您想一个人呆着，哪怕安静一段时间。但如果您忽略上面所写的内容；如果您甚至不愿花几秒钟时间去倾听自己的身体及内心里的小女孩的声音，去了解您的需求；如果您脑子里只有"您可是一个妈妈啊！您不羞愧吗？您应该在您生命的每一刻都去关爱和取悦您的孩子！"，那您就不可能做到，您会一次又一次地陷入这个地狱般的圈子。

不倾听自己的声音就会对孩子生气。这是许多女性需要数年才能理解的一个道理。

尝试想一想您自己和您的感受。的确，您与孩子在身体上有着永恒的联系。但这是否意味着您自己的感受就是不存在的？"不，绝不是！"——我最喜欢的一位幼儿园老师这样说道。您是无法不顾及自己和自己的感受的。

从现在开始，您需要以相同的态度对待您的两个孩子：您内心的小女孩和您真正的孩子。为他们俩做一个有爱心的父母吧！这是很多孩子妈妈的肺腑之言，而且，这样做是愉快的，能给予您力量，而不是损耗您的力量。妈妈总是对自己很残忍，孩子喝的是新鲜的、美味的水果粥，而妈妈只能吃孩子吃剩的。孩子可以上有利于成长的课程、去游泳、和海豚一起玩耍，但妈妈却没有钱按摩和去看医生。孩子有绝对规律的作息，但妈妈却不允许自己每天的睡眠超过五个小时。

所以不要总是说自己没有钱、没有时间、没有意愿。家里还会出现二胎，三胎甚至五胎，谁都无法预料！为什么我们总是考虑所有人，却从不考虑自己呢？当我们感觉无法控制自己，抬起我们的手，把它打在一个温柔而无辜的屁股上时，随着一声响亮的掌声，我们自己也吓坏了。老实说，正常人都会这么做。

做妈妈怎么可能不牺牲呢？但请不要让您内心的小女孩伤心和憎恶那个夺走了她所有快乐的人。与我们身体内的成人自我不同，她不会考虑道德和责任，她需要的只是良好的睡眠和休息、正常的营养、生理需求的满足和他人的帮助。

孩子偷走了我的平静

伴随孩子而来的是焦虑,他们总是相伴而生,您再也无法安然入睡了。

他是否发育正常?是不是生病了?呼吸正常吗?为什么还不翻身?是不是爬得不好?是不是要摔倒了?……要去上幼儿园了,他的词汇量够吗?能不能为自己争取什么?为什么字写得这么不好看?如何激发他学习的兴趣?……隔壁班的女孩到底怎样?他为什么不打电话?他选的这个大学值不值?……且不管未来要和我们生活在一起的玛莎是个什么样的女孩,只要他能幸福就好。他们现在要孩子是不是早了一点?工作压力是不是很大?……焦虑简直没完了。

有一天,我办公室里的一个灯泡不停地闪。我主持招待会,与我的病人交谈,灯泡就规律性地发出一种特有的"嘚滋嘚滋"声。这声音让我无法集中注意力,无法思考。下班的时候我都快疯了,幸好管理员和工人拯救了我,及时修好了灯泡。为什么要举这样例子?灯泡的"嘚滋嘚滋"声其实就是一种象征。

当您得知怀孕的那一刻,这个灯泡就出现在了您的脑海里,并会在您的一生中不停地"嘚滋嘚滋"响,因为不知道什么时候下班，所以"工人"永远也帮不上忙。这种声音会让您生气、疲倦，还会警示您可能会有麻烦，是不是要寻求帮助。它会一直响。从现在开始，您的一部分注意力——多少取决于具体情况——将转向孩子。

焦虑将伴随育儿的整个过程。正是焦虑让您对孩子的发出的信号非常敏感。您总是可以发现其他人无法发现的东西。的确，有时别人会责备您夸大其词，或过于上心。但的确是您会第一个注意到孩子的需求。然而焦虑可能会失控，有时可能会对您和您的孩子不利。亢奋的情绪并不只是您更好地观察自己和孩子的工具，而是一面扭曲现实的哈哈镜。强迫性的"嘟滋嘟滋"声也不会让您充分思考，焦虑过度则会让您无法听到孩子的真正需求。

最重要的是，焦虑的增长还会导致敌意的增长。您可能并没有意识到情绪的激动或压根不重视它，但您不可能意识不到您的愤怒：喊叫的妈妈和哭泣的孩子，谁也不清楚，这究竟是怎么回事。

如果您发现自己处于莫名的烦恼中，请检查一下"冰山的水下部分"是否存在焦虑：最近孩子有没有不断流鼻涕的慢性病？您是不是对扁桃体切除有所顾虑？孩子在幼儿园的行为是不是让您难以理解？是不是发生了什么问题？您总是为孩子担心，但特别强烈的焦虑可能会击垮您的防线，让您无法清醒地思考。

当一场风暴来袭时，我正在法国尼斯写这本书。第二天，当一场倾盆大雨之后，我沿着海岸边散步。海水将大量垃圾带到海边：有趣的，美丽的，肮脏的——什么东西都有。我发现，我的病人内心的小女孩常常会处于类似的风暴事件中。激动的情绪会淹没她，甚至让她无法呼救。她浑身湿漉漉的，完全吓坏了。她就这样坐在岸边那堆被可怕的海浪冲上岸的残骸中。当一个妈妈觉得有什么不对劲时，她就生气了，但她不明白，为什么会这样。直到她能找到内心的小女孩并温暖她。为了恢复平衡，她需要暂时逃离外界的问题，审视内心世界，倾听自己的需求。

孩子剥夺了我的本质

孩子的出现极大地改变了您的地位。要知道您曾经也是一个女儿，一个女朋友，一个妻子，现在您变成了一个妈妈。从这一刻开始，一切都颠倒了，最好的东西不在专属于您。所有的注意力和关怀都在孩子身上，妈妈的存在也成了满足小皇帝需要的一种"方式"。

当然，我有点言过其实，孩子不只是剥夺，毫无疑问，他也是促使妈妈改变和发展的源泉。我有意识地将隐藏在遥远的意识中的感受放大，目的是方便您尽可能地了解它们并仔细地审视它们。从根本而言，养育孩子对每个妈妈来说都是一件充满乐趣的事，但现在我们却在谈论它的对立面，因为这些对立面正是我们生气的原因所在。

孩子的能力惊人。他的出生让整个家庭都服从于他的利益。久而久之，妈妈不再说"我的"，更多地说"他的"和"我们的"。曾经在某个地方，她也有朋友，可以愉快地和他们成群结队地去散步，她有自发的旅行，有事业，有独自阅读的时间。现在，奶奶给孙子而不是女儿准备礼物；丈夫下班回来第一个接的是女儿，而不是妻子。妈妈为她的孩子感到自豪，于是自信地摒弃了过去作为女儿、女朋友和妻子的生活，乖乖地让道了。但孩子越大，妈妈就越会问这样一个尖锐的问题："我呢？"

内心的小女孩用渴望和羡慕的眼光看着孩子，不明白为什么孩子会得到这么多礼物并钦佩孩子的技能。毕竟她也无所不能啊！她会烹饪最美味的意大利面，画油画，能区分莫奈和马奈，会跳特威克舞。为什么就没有人欣赏她，反而认为这是理所应当和必需的？

内心的小女孩不明白她喜欢的鞋子、鲜花及欲罢不能的男人去了哪里，为什么他又去上班了，而她一天要在家擦三次地板？为什么她的裙子挂在衣柜里已经好几年没有穿出过门了？为什么没有人把她抱在怀里，在黑暗中在耳

第二部分 生气是为了拯救妈妈

边低声呼唤她的名字？而现在有的只是被需要，被呼唤，冲她哭喊，无休止要求她去关注他人。

尝试回忆她至今为止最后一次美好的性生活或读的一本有趣的书。她不知道，自己解决复杂智力问题和创造性问题的才能和能力去了哪里，美丽的身体、自己的私人空间和与丈夫的坦诚交谈都消失到哪里去了。

此时，妈妈正满怀爱意地望着自己的孩子，心中满是满足感，只是偶尔揉一揉她那双还被以前生活紧紧套住的疲惫的双手。

我想，您已经很容易就能想到一段时间后会发生什么。之前的生活开始反抗。刚开始只是焦虑地提高声音并表示愤慨，然后开始嚎啕大哭并大声喊出了自己的愿望，最后，扔东西、跺脚，并威胁要把一切都扔进地狱。妈妈会感到内心的激动，然后是恼怒和生气。而这一切都将落到一个刚刚来到这个世界上的漂亮宝贝身上，他完全同意和母亲背后的那个反抗的小女孩相识。如何介绍他们认识彼此，我会在下一部分告诉您，但现在，在您的脑海中要有这样一个重要的想法：您不仅仅是一个妈妈。当您掌控自己其他重要而有价值的部分时，您就会花费大量的精力，就像安抚惊恐的骏马一样。与其不安和生气，不如早早骑着它在夕阳下驰骋。

孩子让我想起自己的伤口

您知道关于施基尔里茨的笑话吗？老实说，因为这些笑话，我一直把施基尔里茨想象成一个醉酒的骠骑兵。但实际上，《春天的十七个瞬间》是一个让人心酸的凄美故事。问题是为什么会有这样的差别？

观点可能会有所不同，但作为一名心理治疗师，我看到的是最重要的人类法则。当这部电影首映时，街头万人空巷，所有人都在看这部电影，因为战争的悲剧、死亡和勇气打动了最坚强的心。如此密切的、可怕的、痛苦的事情，如果不借助笑话是不可能存在的。

压力越大，人类在心理上用来减压的方式就越多。笑话是缓解最强烈的恐惧感和绝望感的最普遍的方式。很多时候，我们笑着进入我们真正想把自己埋进沙子里然后死去的地方。"最好的防守就是进攻"。对我们而言，就是保护我们免受复杂和痛苦的煎熬。

但这跟妈妈和孩子有什么关系？

在我的实践中，我总是关注妈妈决定去看心理医生的时间：有人是在怀孕的第 7 个月，有人是在孩子两岁时，有人是在孩子跨入青春期后。当然，合乎逻辑的解释是：他开始表现不好或者出现了无法解决的问题的时候。但这

第二部分　生气是为了拯救妈妈

并不是促使妈妈前来找我的原因，主要原因是她的恐惧。最初恐惧只是挽着女人的胳膊，在她的耳边说了一句讨厌的话："您不知道该怎么办，您处理不了，没有人能帮您，这是一场灾难。"妈妈开始变得麻木，失去了信心，但是在某个时刻她找到了挣脱的力量并开始寻求帮助："您好，丽达，我出现了一个问题。我的孩子发生了一些事情，我总是对他大发雷霆。"但为什么是现在呢？

想象一片松树林：美丽的树木，芬芳的树脂和松针的气味，还有一条沙路。但是，如果强盗在此袭击了一个人，然后他在这片森林里遇难，那么即使多年后，当您走在这条沙路上，注意到脚下的落针时，一种难以理解的紧张和焦虑会让您心跳加速。森林对每个人来说都是美丽而宁静的，但对于经历过悲剧的人来说却是不祥而危险的。

做了妈妈以后也会有类似的过程。您的童年早已逝去，也被遗忘了，但如果其中有烦恼和不快乐的时刻，它们就像松树林一样，即使是一根不小心进入您视野中的小松针，也会提醒您想起它们（我在前几章举了这样的例子）。但是现在施基尔里茨的笑话原则对您而言很重要：当您进入创伤区时，您开始反击，试图减少紧张情绪。如果有笑话和轶事是很好的，但更多时候它们是真正的"武器"。对您来说，让您回想起童年苦难的是自己的孩子，于是箭矢就射向了孩子。

孩子不会故意揭开您的伤口,他们甚至根本不会意识到这一点。触发因素可能是您对他特别严厉时他表现出来的行为;或者是您到了面对生离死别、生病和其他不愉快事件的年龄;或者是给您童年留下不可磨灭印记的特定情况。

正是在这一刻,您的内心开始感到非常痛苦,但从外在来看,最常表现出来的是恼怒。而如果回忆对您来说遥不可及,那此时此刻产生的愤怒感可以作为您的一个绝佳信号:"小心,危险区域!"妈妈,请格外小心,请照顾好自己!

孩子让我产生了内疚感

这也许是一个孩子对妈妈做的最残忍的事了。但孩子并没有将这个阴险的计划酝酿多年,而是直接通过出生来实施。在婴儿出生的同时,产房里还诞生了一个伟大的、非常重要的理想的母亲形象。它是由一个女人在整个童年、青春期、成年过程中创造出来的,只不过是在怀孕的催化作用下出现在身边了。它看着婴儿和新妈妈,严厉地说道:"现在你必须像我一样。"

这个理想的形象可能像您的妈妈,或者相反,是她的对立面。这个理想的形象用邻居、女朋友、姐妹和其他有经验的女士的腔调说话，可能会坚持自己的立场，逆流而上。她可以是地球上最伟大的女人：能够把房子打理得井井有条，特别善良和温柔，从不喊叫或动手，为孩子准备每天的创造性活动和美味的乌克兰罗宋汤，教育孩子具备高标准的道德、伦理和智力；她可能认为，她的孩子是为爱和宁静的幸福而生的。

理想的形象只是无法接受，孩子和自己的想象不一样。如果这样，她会觉得羞愧。她也不能接受年轻妈妈的纵容，这会让她非常生气！恐怖和自虐模式就开启了。

您的理想形象是什么？它对您有什么要求？仔细研究一下它，了解一下它的个性范围，感受一下，它能在您身上唤起多少罪恶感。

现在给大家展示一下人类心理的复杂链条：哪里有内疚感，哪里就有危险感。这是我们孩童时对世界的认知：如果我们犯错了，我们一定会被抓住并接受惩罚。总有一天会暴露的，想象中的父母会注意到一切。一旦妈妈变得不够完美，一旦因为自己对孩子的错误的反应和行为感到内疚时，她就会立即陷入危险区：童年的经验告诉她等待她的将是惩罚。当危险出现时，人们必须准备好自卫，也可能是采取攻击方式以捍卫自己。结论就是：内疚感会触发我们的愤怒。

在这种情况下,与您的敌意作斗争就像感冒时在发红的鼻子上涂抹粉底一样,只能治标,不能治本。因此,我还得再啰嗦一遍,重复一下这本书的主题思想:一旦您感到愤怒,就请审视一下自己的内心。在某个地方,徘徊着一位严肃而忧伤的"完美的"阿姨,她在用她的权威去压垮您。去花店买束雏菊送给她吧!请放松点,因为您比她更清楚自己需要做什么。

孩子偷走了我的童年

当我们经常关注内心的小女孩时,我们就会注意到,她何时会感到孤独或悲伤,她何时会感到愤怒或焦虑。我们要学着首先关心她并满足她的需求。

但是,小女孩不仅仅是忧伤。小孩子会高兴地合不拢嘴、自发地娱乐并变成一个能量无限的小马达。如果您是在经历了漫长的一天后精疲力竭地倒在床上时看到了我的这句话,您可能认为我是在开玩笑,但我是认真的。能量无限且开心的小马达是您,否则,您如何解释您能同时熨烫、煎炸、把孩子从床上抱起来、打电话,同时思考生命意义的超能力,而且还能这样持续数月?

随着孩子的出生,一个妈妈把她所有的责任都装进了一个麻袋里,然后把它放在了一个开朗活泼的女孩的肩上——扛着吧!不再踩着水坑奔跑,不再和女性朋友们约会,不再做傻事,因为没有时间,也没有精力。如果小女孩抬起头来,怯生生地问一句:"我能不能去一次溜冰场,哪怕就一次,好吗?"我们会翻了个白眼儿说:"下辈子吧!"

问题是没有下辈子。母乳喂养,孩子上幼儿园,产假结束,第二个孩子出生,父母来帮忙,工作和自我价值的实现——总会有事情要做,即使是在令人羡慕的退休时间。我举个例子,我的奶奶尽管失眠,但很长一段时间以来她都不允许自己在早上多睡一会儿:她要打扫卫生或洗窗帘。不允许自己有过多要求,或者说根本不允许自己去做任何无关紧要的事情,这种习惯在我们身上根深蒂固,深入骨髓,这是一条错误的道路。据统计,在临终前,人们首先会后悔与亲人相处的时间太少,其次会后悔自己休息和旅行得太少。

生活在继续。虽然您可以不断地证明您对生命中最重要的人——您自己——的残忍态度,但小女孩的开朗消失不见了,在日常生活的重压之下,她的幸福感越来越少。尽管家里的地板一尘不染。

毋庸置疑,愤怒在这样的土壤上会以灾难性的速度增长：它会牵扯整个家庭，用嫉妒吸走他们身上肥沃的汁液。最亲近的人——孩子和丈夫——往往遭受的最多，因为现在孩子是唯一有权自发开心的人，丈夫呢，他的错是在于他没有时间陪伴女人。

但只有一个人可以妥善地照顾您，即就是您自己。幸运的是，这个人总是在您心里。

结 论

嗯，是时候停一下了。上面描写的情感就是我们现实中感受的。感觉很难接受这种情感，是的，在写这一章时我感觉很沉重，我想，您阅读的时候也会感觉很沉重。这些情感隐藏在阴影中并非没有道理：当您在阅读这些材料时，您会有种赤裸裸的感觉，但是我们一起做到了。请将此视为一座对母亲困难的习惯和育儿过程的宏伟纪念碑。我们尊重复杂的情感，这意味着它们也会尊重我们。

对它们的了解和对它们的充分关注会激发能量的改变。

为什么我没有给出具体的建议？要是有那就真的太好了：用这个建议和那个建议，或者把两个建议合二为一，变成一个关于如何摆脱愤怒和所有困难经历的现成指导。我没有给出，是因为它根本不存在。

- 没有必要摆脱这些情感。我们的阴影面就和我们的手臂或腿脚一样重要,我们不能因为只是不喜欢它们就将它们锯掉。没有右耳就无法想象左耳,一张纸也不可能只有一面。我们总会有"坏"的情感和"好"的情感。比如说,如果我们感到左耳疼痛,我们可以假装不疼,但是我们会受其折磨。我们可能会生气、尖叫并让自己负责。我们可以去做检查,去清洗并让医生检查一下。在情绪不好的情况下,最好的"药剂"是关注。请仔细而充满爱意地想一想,困扰您的是什么。坦诚地表达您对孩子的情感。

● 在这一部分,我们明确了愤怒是一种信号,一种症状,通过它您可以了解更深层次的情感。试着打开这个球,看看里面是什么。是个人时间和空间的缺乏还是无法让自己开心?是崇高的理想还是巨大的焦虑?有东西在折磨着您,因此会发出愤怒的信号。如果我们能找到真正的原因,那之后我们就会找到让我们的生活更轻松的方法。

● 改善生活的核心是照顾好自己。这不仅仅是找时间修一修指甲或躺在浴缸里,要不断地关注您内心的小女孩:她现在的感受是什么?她想要什么?她需要什么?她需要得到身体、情感、智力和精神上的抚慰。您可以自己做这些,也可以教您的亲人如何照顾您。心理学家和心理治疗师的办公室是一个探索自己及您与您内心小女孩的关系的绝佳场所。

了解前面的几点，并朝着满足内心小女孩需求的方向发展，将有助于解决大部分的愤怒。但做妈妈也是一种牺牲，不管意愿如何，很多时候我们都无法确保我们的需求是否能得到满足。我们必须将自己的后背对着燃烧的箭，为自己胸前的婴儿创造一个安全和安静的世界。妈妈要理解并接受这一点，并能在牺牲和自我照顾之间保持平衡。妈妈也是人，因此，她有应对内心冲动的方法，如自我观察和象征的能力（语言、创造力、游戏），借助这些方法可以无痛地表达敌意，并保持其母性阳光面和黑暗面的内在平衡。本书之后的部分将讨论该内容。

第三部分
如何正确回应孩子的情感?

第八章
暴力经历

我们所有人或多或少都经历过残酷的暴力:来自妈妈、爸爸、熟人或陌生人;用皮带、耳光、粗鲁的言语或羞辱性的斥责。有时这可能是可以原谅的,但很不幸,更多的时候它的理由只是:这是最简单、最常见的育儿方式。

小的时候不能忍受,但后来我们就习以为常了。成年后,我们内化了所获得的经验,并几乎不可避免地(多么可怕!)将其传递给了自己的孩子。我想与您共同来阻止这个过程的发生。

让我们来看一看,暴力是通过哪些渠道流向下一代的。

"这有什么大不了的呢？"

很遗憾，我经常听到这种说法。大人们说得轻松而随意："是的，我被打了，但事出有因，这有什么大不了的呢？我长大后不也成了一个受人尊敬的人吗？我认为有时用皮带教训一下孩子并没有什么坏处。否则您怎么能让一个孩子明白他是错的呢？"这真是个人经验主义的可怕误区啊！如果一个人以前没有做出选择，那他现在也不可能找到不一样的方法。他会认为，耐心解释、约定、制定规则、游戏、谈论情感……所有这些似乎都是时髦的心理学家的古怪想法，是白白浪费精力。

爱丽丝·米勒在她的《天才儿童的悲剧》一书中列举了很多很好的例子，说明了这种认识造成的后果。她讲述了著名电影导演英格玛·伯格曼，他在童年时就遭遇过家庭暴力。英格玛·伯格曼有一个残暴的父亲（当然也是爱他的），他经常殴打他的哥哥，还严厉地惩罚英格玛。作为一个电影人，英格玛·伯格曼把他的感情投射到了荧屏上，以抚慰自己内心的创伤，但这并不能改变他对世界扭曲的认知。"伯格曼也后悔地提到他没能在1945年之前看穿纳粹主义（虽然他年少时经常在希特勒时期参观德国）。我认为他的盲目是他童年经验产生的后果。残酷对他来说就像他吸入的空气一样，因此后来见到的残酷又怎能引起他的注意呢？"他也没有注意到他对自己九个孩子的残酷态度，他把他们都留给了第五任妻子。

我们可以对某个特定的例子吹毛求疵，那是因为我们不了解另外一个人内心世界的真实动机和所有的错综复杂。在我的临床实践中，我经常遇到类似的情况：在暴力环境中长大的人对敌意的容忍度很高，因为他压根注意不到它。他们的心理会安全地保护自己不受强烈情感的影响，使之"看不到"痛苦的信息。因此他意识不到他人或自己表现出的残忍（这有什么大不了的？）或者根本发现不了周围的残忍。

在类似的情况下女性更容易受到伤害。她没有注意到自己亲人的残忍，或者她认为这种残忍是有一定道理的。关于丈夫的一个典型例子就是：打是亲骂是爱。当一个妈妈任由自己四岁的儿子打人、咬人或直接把脚蹬到自己脸上时，她是无法和孩子一起去抵抗残酷的暴力的，或者她会"滑向"另外一个极端，展示出从小到大遭受的惯常行为：揍孩子一顿、让孩子面壁思过、打孩子耳光。要知道，此时此刻，真理已经不起任何作用了。

"我将来一定不会像我父母那样……"

很多妈妈前来找我咨询时都表达了这样的想法:"我的童年经历很复杂,所以我要尽一切可能让我的孩子和我不一样。"通常,这指的是他们父母的行为。他们的父母可能是严厉、残忍、逃避、冷漠的。一位妈妈回忆说,听到喊叫声和忍受侮辱性的打击是多么让人不舒服啊!所以她做出了一个不同寻常的决定:我要和他们不一样。

我很想支持这位妈妈的决定,但这种育儿策略实际上就是所谓的"通往地狱的路,都是由善意铺成的"。为什么?因为这也是暴力的另一面,它正悄无声息地不断靠近我们的孩子。

每当回忆起自己孤独而恐惧的经历时,这位妈妈就很想保护自己的孩子,于是她暗下决心:"在我们这个家里绝不会有人生气。"她努力不冲孩子喊叫,不打孩子,不骂孩子。她阅读育儿书籍,似乎一切都做得很好。但她对自己的承诺和要求越是苛刻,她就越像当年自己的母亲,越不注重孩子的需要。她只不过是遵循了一定的模式,即"不要像父母一样"。但妈妈的这种想法会蒙蔽现实中的孩子,大大扭曲孩子对需求的理解,也就是说,还是会让孩子处于同样的孤独和无助之中。

我的一个病人想成为一个天使。她试图消除成长中的所有恐惧,她想象自己是一个风轻云淡的、总是很友好的、坦诚的、乐于助人的女孩子。但她的孩子会想看到一个什么样的妈妈呢?他想看到的是一个真实的、接地气的妈妈,她能够和自己所有的情感和谐相处,能够以正确的方式表现自己的愤怒,能够保护自己,对不幸的童年经历作出适当的反应。但孩子看到的却是一个天使,她只能够独自面对自己的愤怒。孩子感到孤独无助,因为他不知道如何处理自己的问题。矛盾的情感使他忧心忡忡。孩子本来可以借助妈妈的例子让自己明白如何处理自己的情绪,但妈妈却变成了一个天使。妈妈在自我拯救时,自作主张地将她周围的残酷世界变成了一个光明而快乐的世界。她没有意识到,孩子多么需要了解她的阴暗面,了解她接地气的部分和"错误"的部分。也许,孩子长大后会把她作为典范,让自己也变成一个天使,但更可能的是,孩子将去"地狱"寻找他缺失的东西。

另一个妈妈认为,世界上已经有太多邪恶的东西了,所以她将自己所有反应中的负面反应都屏蔽了。有人在地铁里推我,对不起,我不应该站在这里。商店故意算错账,好吧,也许是因为店员太累了。当然,拥有这样一个妈妈的孩子也会面对生活中的现实。在沙坑里,一个男孩推了他一把并抢走了他的铲子；在幼儿园里，其他孩子故意撕掉他的画。不公平的事情时有发生，如何应对？如何正确保护自己？这个小男孩不知道答案。他看着自己的妈妈，却没有看到解决方案。妈妈故作欢颜并礼貌让步，而孩子内心的屈辱、愤怒和不理解却在沸腾，但他无法选择正确的行为模式。有些人在发生冲突时会按照父母解决问题的方式去操作，退居一边，但却从未学会保护自己。有些人会通过模仿他人的行为获得必要的经验。但它一定是正确的例子吗？那得多么幸运啊！

当我们试图以某种方式容忍暴力的经历时，孩子却正在以他自己特有的方式发展。孩子的情绪是多么激烈啊！回忆一下，他是如何真正地伤心，如何激烈地生气，如何大声地怨恨着那些干扰他舒适状态的所有事情的呢？他摔打椅子，打他的妹妹，咬人，哭闹，向全世界大喊他的感受。激烈的情感控制了他整个人！他完全无法独自应对。孩子需要成人的帮助来掌控自己的情感。

我们掌握了数学能力、空间推理、英语和阅读。对我们而言，从小培养孩子的智力是很自然的事情。但为什么寻找有关情感领域发展的书籍却如此困难？为什么针对情商发展的游戏仍然如此不受大众欢迎呢？毕竟，没有情感领域的发展就不可能有良好的智力，这已不是什么秘密，这是儿童心理学的一个公理。

一个聪明但在人际关系中不快乐、不了解自己内心世界的人物形象，值得我们追捧吗？卓越的智商、真正的成功和幸福的生活总是建立在对自己和他人的深刻了解上。

究竟不应该做什么呢？

- 忽略孩子的强烈情感。
- 为了让孩子能够准确掌握生活中的必要教训，通过喊叫和惩罚进行严厉教育。
- 做一个完美的妈妈，即不表现出任何敌意并避免任何冲突，为孩子树立榜样；允许孩子为所欲为并培养自己最大限度的宽容度。

只有在母亲的正常反应中，孩子才能找到解决情绪的方法。"正常"的意思是与现实相符。您的孩子一直在观察您，比如，您如何回应冒犯您的人？如何在复杂情况下为自己辩护？如何应对恶劣天气或路上的障碍物？如何回应对自己的不公正和不尊重？如果您的丈夫伤害了您，您如何回应他？您如何阻止趴在您头上用脚后跟蹬您眼睛的孩子？如何表现您的坏心情？如何应对孩子不好的行为或孩子的愤怒？所有这些常见的生活状况都需要您正确的生气、当机立断的决心和对自己内心世界的深刻理解。

您正确的生气就会培养孩子正确的生气——这是我不止一次重复的关键话语。

第九章
我是妈妈，我的感觉是对的

我们平白无故地谈论这么多关于内心小女孩的感受和我们心理充满的暗流。我们生气，不仅仅因为这是"我累了"和"您惹怒了我"的后果，正如您所见，原因众多，它触动的有可能是我们身上最复杂的那根弦，但了解这些能给我们带来什么呢？

您可能去过面包店。里面有小麦面包、黑麦面包、麸皮面包、无酵母面包、胡萝味面包、大蒜味面包、洋葱味面包、带果仁和浆果的面包，面包的选择很多，您可以尝试各种类型并选择格外吸引您口味的面包。

我想您也去过"吉克斯"面包连锁店，那里的面包种类相对就简单一些，只有黑面包、白面包和黑麦面包。您会对丈夫说："回家的路上顺便买点面包和香肠吧！"但您是否想过，如果您派一个人去面包店，难道只是为了买一个面包？不，您会充满爱意地详细描述您想要的那个有果仁和带有小颗粒的黑色小面包。

您明白我在说什么吗？

如果您感受到的生气情绪就好像在"吉克斯"面包连锁店的面包一样，那您的选择就是有限的，只要是黑色的，就买吧，所以在情绪上就只能是"我生气了，所以我大喊大叫"。情感的很多方面都没有被承认，因此也不可能找到解决办法。但如果您非常了解自己的生气情绪，就像面包房里最有天赋的面包师了解自己的面包一样，那您将开启让人惊讶的可能性。

如何学会生气？现在让我们先把书放下，试着回忆一下让自己生气的各种状况。让自己成为一个真正意义上的情感大师吧！请描述所有可能的细微差别，并试图搞清楚它们何时出现及如何表现出来。您的生气情绪可能是什么样的？强度如何？它会集中在您身体的什么地方？

作为例子，我想为大家展示一个我在线课程的一个学习者的家庭作业。作业要求记录当时的情况、她的情感和她生气时身体的感觉。您在本书的开头已经做过类似的练习了。要是打分的话,我肯定会打"A++++++++++"。

周四。今天儿子让我很生气,因为他直到第十次才听到我说的话。我几次提醒他该把玩具放好,该穿衣服了。最后我只能大声喊:"我都说多少遍了?"我感到很生气,很无能为力,还有一种奇怪的空虚感。我想起了您的第一次直播课程,试图弄清楚"这究竟是什么?"我感觉它就堆积在我的胸口,更接近我的胃部。我感觉胸口隐隐作痛,就好像有个人在那里放了一块石头忘记拿走了一样。这块石头未必与我的孩子和他的玩具有关系。我想象着我内心的小女孩,我意识到她非常孤独,她厌倦了这种孤独。我想抱抱她。

星期五。上午一切顺利,一切都按计划进行。我们在公园里玩了很久。他想踩水坑。我内心深处有一根弦绷了起来,感到略微有些生气:又要弄得很脏。我观察了一下自己的这种情感,但它很快就消失了,因为儿子非常高兴,我和他一样高兴。但是晚上我们发生了争执。他一边洗澡一边向我泼水。我几次要求他停下来,但他上下拍打着小手,溅起的水花直冲我而来。我勃然大怒,于是我制止了他。愤怒像翻滚的海浪一样从我的胃部一浪高过一浪地上升到我的喉咙。手指有种刺痛感。一切都在瞬间发生。我没有其他感觉,只是有一种迅速蔓延的愤怒感和某种自信。我想我在那一刻是在保护自己，而且我是对的。

这位妈妈描述了三种不同的情况：周四，她感到无能为力、空虚和孤独；周五早上，她感到郁郁不乐；晚上，她感到勃然大怒。如果在上述的每种情况中，这位妈妈感到的只是生气，没有任何细微差别，对此也不做任何思考，也不明白自己的情感，那她只会对孩子再三提高嗓门。通过记录，她有机会审视自己的内心，看到三种完全不同的情况，并以不同的方式表达了出来。第一种情况，她怜悯内心的小女孩；第二种情况，她能够稍作等待，然后平静下来；第三种情况，她能够适当地反击孩子。

您是否也成功地描述过自己的状态？

现在，我将给您一些提示以帮助您解决这个难题。在心理治疗中，我经常遇到人们无法描述自己情感的情况。这可以改变而且必须改变。让我们一小步一小步地来，尽可能在心里多关注自己，了解自己的状况，这样您就会明白，什么叫真正关爱自己。

不管有多么让人惊讶，但从搜索引擎查询开始是最容易的。您知道"生气"这个词的同义词有哪些吗？很遗憾，它并没有我们想象中的那样多。以下是从互联网上搜索到的结果：恼怒、愤怒、气愤、气忿、愤恨、狂怒、暴怒、愤慨、仇视、敌意、烦躁、动怒、发怒、不满、尖刻、刻薄……都是一些令人吃惊的词语，难道不是吗？要知道上述每一个词都有其所指，而且我们也会不时地经历这些情感。我不打算一一列举它们，希望您能花些时间自己去完成，研究这些词语并选择专属于您的，即那些与您内心感受相关的、适合您的词语。善于描述自己的情感，将深层无意识的冲动与理性联系起来有助于我们理解自己的情感并很好地控制它们。词语是一个符号，而符号化则是我们将无意识能量引向真正人类轨道的一种方式。

接下来我们一起关注的对象将是我们身体的感受。在上述举例中，这位妈妈细致地描述了身体上的感受，这有助于她将这些情感区分开来。的确如此，请尝试一下这个方法。如果您感觉"我只是在生气"，而且每次都一样，那就请仔细倾听一下自己：您的呼吸如何？您心脏跳动得如何？您现在哪里感觉更紧张？哪里压根没有感觉？实际上，您所谓的"只是在生气"会衍生出具有许多细微差别的情感。一种情况，您的心会扑通扑通地跳出胸腔；另外一种情况，您的心会凝结并忐忑不安地倾听。

还有一种区分生气情感的方法就是自己问自己一个问题："我现在想要什么？"您可以回答说："逃离孩子和丈夫，躲在衣柜里或者最好是在巴厘岛的某个地方。"这都可以，但最好是实事求是地回答，并清楚这个答案和孩子

第三部分 如何正确回应 孩子的情感？

是否相关。所以，如果您想让孩子变得更难过，您想拽住他的胳膊甩开他，这是一回事；如果您希望有人最终理解您关爱您、帮助您、拯救您、保护您，那就是另一回事了。

因此，之前您生气时，您会冲孩子大声喊叫，甚至会给他一巴掌。

但是现在您能够审视自己的情感，确定它们的差别，并给它们取不同的名字，倾听身体的感觉及身体的愿望。为什么要这样做呢？当然，是为了获得表达情感的不同的方式和满足您的真正需求。

我的一个病人为自己找到了一个"救命词"——"懊恼"。她将这种情感定义为当事情没有按照她想要的方式发展时而产生的怨恨、愤怒和痛苦的混合，它还会伴随胸口令人不快的灼热感和剧增的紧张感。当处于这种情况时，她会抑制不住地想打骂孩子，还会制止孩子做任何事情。当她明确了自己的愿望时，事情就发生了转机。这个女人意识到，她不想打骂或以某种方式伤害她的儿子，她需要儿子的怜悯。当然，由于年龄的缘故，孩子还无法做到这一点，但她找到了获得支持的其他方法。其中最有效的方法就是让丈夫给自己发短信，让他说一些赞美自己、鼓励自己和感谢自己的话。当丈夫明白事情的缘由时，他也很乐意配合她。这位年轻的妈妈还会定期给自己最好的朋友或外婆打电话,她们之间的关系特别密切。但如果亲人由于某种原因无法提供支持时,她就会抽出五分钟时间用于自我肯定和自我赞美,肯定和赞美自己一天中所有的成就。正如您所见,这比唠叨孩子要好很多,虽然说带有敌意的行为有助于缓解紧张,但其实并不能满足自己真正的需求。

　　将生气从其他情感中区分出来非常重要。通常,生气是一个警告信号,也是一个危险的信号:如果您的生气情感要是再多一点,您的力量就会耗尽了。我们还不习惯采用"浓淡处理"的方式去解决问题。我们总是可以很耐心:擦地板,陪孩子玩,完成所有的事情。但是,当我们非常粗暴地对自己说"还需要再干点活,不许偷懒"时,生气的情感就会出现。当这种感觉袭来时,我们会像讨厌苍蝇一样想把它甩掉,这时我们就会忘记现实及我们的生活需求。您还记得之前我们提到的那个孩子学习的情景吗?第四章曾经分析过这样的例子。前半个小时或一个小时孩子的精力还是比较充沛的,他什么都能理解,但是后来就会越来越差,三个小时之后他就会什么都做不了了,他会任性、哭闹、在椅子上晃来晃去、骂人和生气。一个善解人意的妈妈会怎么做呢?她是不会允许上述情况发生的。当注意到孩子刚刚出现疲劳的迹象时,她会亲切地说:"哦,

第三部分 如何正确回应 孩子的情感？

我的小宝贝，你累了吧？我们先休息十分钟好吗？妈妈帮你理解问题，然后你再去解决问题，好不好？"为什么您不是"小宝贝"，您难道不累吗？您也需要休息啊！如果您想成为自己的善解人意的妈妈，那就请您刚发现自己要生气或有疲劳的迹象时就马上让自己休息一下，而不是等待生气的爆发。您的情感是生气，但您的需求并不是推开孩子或对他大喊大叫，而是给自己一点点喘息的时间。

但有时，大声喊叫和打屁股是妈妈真正的想法和真正的需求。有这样的冲动也别害怕，而且，我们有时还必须这样做，因为对孩子而言，这有时也是必需的，但前提是我们已经仔细分析了我们内心的"恶魔"：我们了解它们并知道如何成为善解人意的父母。

我不想花言巧语，请允许我再次直言不讳：是的，有时冲孩子大喊，打他一巴掌或推开他都是可以的。但请不要在此刻将本书合上，然后说："哦，太酷了！儿童心理学家允许我们打孩子，我现在就去告诉丈夫，这真是太让人高兴了！"稍后我们会来分析这个想法。现在，让我们总结一下。

- 您对自己所谓的"我只是在生气"了解得越详细，您能识别的感情色调就越丰富，您的行为表现就越多。

- 每一种情感的背后都有一个具体的需求。"我只是在生气"会产生只想大吼的欲望，它可以缓解紧张感，但它不能满足您内心的需要。准确了解自己的情感将有助于您正确克制自己的欲望，帮助您解决问题。

为了区分情感的细微差别，请给它们取不同的名字。请确定相应的身体感觉并询问自己想要的是什么。

细致而准确地认识自己的情感有助于减少对孩子发火的可能性。

您正确地生气会培养孩子正确地生气。

一个对自己情感友好的妈妈是孩子未来幸福生活的关键。孩子每天都在观察您对生活环境及对孩子本身行为的反应，他在向您学习，模仿您并吸收您的经验。请关注自己的情感吧！只有这样，您的孩子才有机会关注到他的情感。请给他一个机会，让他成为具有独立人格的人吧！请了解他的性格和他的真实愿望吧！请相信他，也请相信您自己！

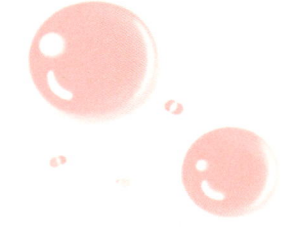

第十章
四步法

我理解发生在你身上的一切

了解自己的情感可以让妈妈有机会了解孩子的情感，最重要的是，可以向孩子解释这些情感。我们只是认为，孩子所做的一切是为了和我们作对或者有意而为之，事实上，孩子只是需要大人的帮助。这本书的大部分内容都在谈论您身上发生的事情，您的某种情感产生的原因，如何理解这些情感及如何处理它们，因为这并不总是容易的。但我想说的是，一个已经生活了几十年的人，他有自己的生活经验和应对各种问题的处理方法，但孩子没有，他只有几个月或几岁大。如果您认为"他无所不能，只是不想做而已"，那就请您赶紧抛弃这种想法吧，因为它是错误的。孩子没有任何经验和成熟的心理去应对自己的情感。他不能评估自己的情感状态，也无法理解它们。孩子的心理就是妈妈，孩子了解自己的途径，就是通过妈妈每天耐心关注自己的情感并向自己解释这些情感。

我知道，忍耐并不总是奏效的。更多的时候，由于不了解孩子发生了什么及不知道如何帮助孩子，妈妈常常会以生气来回应自己的无助。这就是我们现在需要详细讨论一下如何以正确的方式回应孩子的复杂情感的原因。

为了更清楚地说明问题，我将使用现实生活中的一个案例。一个三岁男孩的父母找到我，抱怨说孩子老是发脾气，这让他们很抓狂。孩子在游乐场会打其他孩子，稍不如意就会大喊大叫。孩子的父母温文尔雅、冷静、有文化，他们无法理解孩子为什么会有这样的反应，因为他们并没有任何类似的行为，也没有人给他们的儿子树立这样一个坏榜样。

现在让我们稍微回忆一下之前的章节，以便您能完全清楚我讲述的逻辑。您还记得，我写过有关一个人的阴暗面及不能将其束之高阁是多么重要吗？现在我们来仔细研究一下这个家庭：父母温和而没有敌意，而儿子却是自己权利和底线的坚定捍卫者。感觉是个圈套？我们可以得出什么结论呢？在这个家庭中敌意似乎分布不均，所有的敌意都体现在了儿子身上。儿子强迫自己这样做是为了帮助妈妈至少可以稍微碰触一下自己的真实情感。因为妈妈在儿童时期遭受了父母强大的暴力，所以她决定要成为和自己父母完全不同的人。如今，她小心翼翼地向儿子和自己隐藏着自己的生气情绪。这导致她的许多反应与现实并不相符：她没有及时关注自己出现的愤怒、委屈、生气和疲倦，也没有适当地将它们表现出来。妈妈不能正面回应自己的需求，因此也很难满足孩子的需求。结果，孩子也就不知道如何控制自己的生气情绪了，因为他没有看到妈妈是如何做的。同样，妈妈也无法帮助孩子理解他的情感，因为她自己就把了解这些情感的大门关闭了。

当我和这位妈妈一起分析了她的情感之后，她学会了关注自己的情感，我也就能告诉她在情感困难时如何对孩子的行为做出反应了。我需要做出一个重要的声明：很多东西我们会一下子明白，但想要自由地、正确地处理我们的情感可能要经过多年的探寻。孩子不可能等那么久啊，所以我们总是要迅速地寻求解决方案，而自我反省是一种高回报的投资。在这个家庭中，这位妈妈就和她的心理医生一起自省。因此，当您读完这本书后，您也可以立即将这些新知识运用到现实生活中,以改善亲子关系,开启新的征程,但请不要止步于此。在您读完这本书的最后一页后,如果您认为经验的获得只是您改变的起点,而非终点,那在我看来,我的基本任务就完成了。

现在让我们转入重点:如何在孩子情感困难的时刻学会与孩子共情并帮助他。

我把我的方法称为四步法。它是我与儿童和家长进行多年深入工作后总结出来的,并在研讨会、家庭工作中通过具体案例多次验证过。

当您研究积极倾听技巧或阅读其他心理学专家的建议时,您可能已经见过类似的提法。可能,我的这些方法并非原创,但我会告诉您具体的操作方法,它们比其他方法更奏效。

首先,需要澄清几点,否则就无法使用这些方法。

(1)孩子从来不会设定让父母陷入"白热化"的目标,尽管有时他似乎就是这样做的。孩子唯一的目标就是保留爸爸妈妈的爱,自觉或不自觉地做让自己永远被爱、永远不被抛弃的事情。

(2)在情绪激动的状态下,孩子会失去逻辑思考能力。当他哭泣、生气或大喊大叫时,他是无法理解您上班迟到或他上幼儿园迟到这件事情的,这时候就好像鸡同鸭

第三部分　如何正确回应 孩子的情感？

讲。请您想象一下，假设您站在河边，而孩子就要被洪流冲走，您站在岸边大喊正确的游泳技巧是没有用的，唯一的解决办法就是用手抓住孩子，把他拉到安全的地方。当他冷静下来时，您才可以和他讨论行为规则。

在任何情绪爆发时，父母都需要冷静，需要将孩子"拉"到理性行为的平静彼岸。

（3）不管孩子出现何种情感，首先要让他学会如何沟通。孩子越是觉得妈妈或爸爸听不到他的信息，他的音量就会越大，脾气就会越坏，行为就会变得更糟。小孩子的悲伤是发自肺腑的，无论是游戏被打断，动画片被关掉还是妈妈离开他去工作。如果他向妈妈展示了自己的情感，却没有得到想要的回应，他就会一直坚持自己的想法。

（4）情感有其自身的发展阶段，您必须了解这个事实。最初当您察觉到内心风暴的小预兆时，您要对它们做出反应。随后您会慢慢激动起来，然后开始逐渐无法控制自己，这时情感已完全掌控了您，高潮就要到了。之后，您会逐渐冷静下来，恢复理智，审视后果，评估损失。一个人的情感领域运行得越好，当经历情感历程，即开始出现激动情感、正确延续激动情感和逐渐结束激动情感时，不管是对个人，还是对别人而言，就越轻松，痛苦也就越小。然而，在大多数情况下，我们习惯于在情感萌芽阶段，即在我们甚至还不知道要发生什么之前，就遏制了我们的情感。

还记得这些没完没了的"嘘，安静！""别哭了！""闭嘴！""别喊了！""马上冷静下来！"吗？心理治疗师鲍勃和玛丽·古尔丁创造了12条针对儿童的禁令，其中传递了一个信息：请不要感受！不幸的是，我们的确学会了不去感受。但现在我们可以阻止这一历史潮流，教会我们的孩子去感受，虽然遗憾的是，我们自己还没学会。

（5）人们普遍认为，孩子自己会凭直觉学会一切，但若想让这些想法正确地发展需要付出巨大代价。我在接待一位爸爸时，他说："孩子应该能够自己应付一切，没有必要费口水！"这种想法的后果是可悲的。通常，保守的父母会做出如下反应：

- "马上冷静下来！"——正如上述所言，这是对情感的禁止；
- "回你的房间去！"——孩子面对的是孤独，其后果随后讲述；
- "你再哭我就惩罚你啦！"——借助恐惧来控制孩子的情感。

很遗憾，上述反应中没有一种反应会促进孩子情感或独立性的发展，但其负面后果却很多，多到我可以再写几本书。

只有借助成人的耐心和同情心,孩子才能学会理解和控制自己的情感,别无他法。我把这种帮助分为四个步骤。当您牢记上述原则并使用下列话语和建议时,您就可以教您的孩子正确理解和处理他的情感了。

第一步:说出来

在孩子情绪刚刚萌芽时就应该陪伴着孩子,而不是在他已经嚎啕大哭或疯狂在房间里乱扔玩具时再行动,这一规则同样适用于妈妈。但要知道并不一定总会成功,因为我们通常只有在情绪高涨到顶峰时才会自我反省,而早期我们甚至不会觉察到情绪的变化,因为我们对此并不关注。所以,为了让孩子与我们不同,要学会发现和了解自己刚刚开始酝酿的情感,在那一刻告诉他发生了什么。只要说出孩子此刻经历的情感并学会谈论它两三分钟就足够了。

让我来举个例子。

一个大约五岁的男孩在看动画片,妈妈走过来说时间到了。孩子要求再看一会儿,但妈妈固执己见,孩子开始发脾气并抱怨生活的不公。

接下来的事态发展您可能已经猜到了。妈妈坚持自己的立场，男孩生气了，他感觉很委屈，于是争吵在所难免。

让我们使用第一步：

万尼亚，我知道你很想再看一集。这的确是一部非常有趣的动画片。现在，这部动画片刚好停在了一个有趣的地方，你迫不及待地想继续看下去，想看看接下来会发生什么。你觉得，我现在坚持关闭平板电脑非常不公平，对吗？我知道你很生气，你因为不能自己决定能看多少动画片而感到委屈。

许多父母都会忍不住对孩子说："你哭什么哭？你喊什么喊？"孩子知道什么？让父母告诉他究竟发生了什么，而不是让他来向父母解释自己的行为，这是很重要的。因此，为了能够让孩子听进去、赞同您并补充自己的想法，请用明确性的问题取代直接问题。孩子越大，你们的对话空间就越大。

妈妈觉得，你现在很生妈妈的气，对不对？也许，你觉得我们的规则对你而言非常不公平。你想要看一整天动画片，对吧？

家长似乎还原了孩子的状态和想法，自己则充当了一面镜子，通过这面镜子孩子看到了自己。通过这种方法我们实现了三个目标：

（1）孩子有机会认识自己和探索自己。不管孩子是在六个月,还是六岁,这都同样重要。只有通过妈妈和最亲近的人,孩子才能了解自己和自己的情感。起初妈妈只是和孩子同喜同悲,她默默地、无意识地这样做,孩子会将其理解为:妈妈为我感到高兴,这说明我是一个很棒的宝宝,一切都很好。之后,孩子期望与父母及周围世界进行更复杂的互动。了解所有的情感状态并学会区分它们对孩子而言非常重要。

(2)因此,我们要保持一定的距离去向孩子展示他的情绪状态。回想一下,当我们处于情绪巅峰时,我们是不是也会觉得想要控制自己非常困难。"这个世界太可怕了,丈夫太可怕了,我恨每个人,这一切都是不公正的!"我们也会这样认为,也会停不下来。只有过了一段时间后,我们才能以一个旁观者的角度去审视状况和自己的行为,然后也终于明白,一切并非如此简单。因此,第一步,通过谈论孩子的感受,我们给予了孩子巨大的支持,还原了孩子发生的事情,然而这一习惯将伴其终生,使其远离痛苦,也避免伤害他人。

(3)我们让孩子明白了,我们在倾听他的心声,发自肺腑地、深刻地、真诚地倾听着,这对任何人而言都极其重要。我的病人经常感谢我,正是因为通过咨询我,他们多年来第一次被倾听。即使是偶遇的同伴也渴望心与心的对话，就好像久旱逢甘霖。当我们发现我们的情感受到了重视时，当我们感到自己被理解时，我们都会以惊人的方式茁壮成长。如果最重要的人不关心我们的情感，我们首先会生气，然后会悲伤和颓丧。

父母教会孩子倾听，也给他提供了宝贵的经验，这样，孩子将在感恩中度过幸福的生活。有机会了解自己的情感是一种巨大的幸福，孩子将为此奋斗终身。如果遇到父母的阻力，歇斯底里是不可避免的，然而，如果我们使用了第一步，真正倾听他的心声，那我们就会获得神奇的力量去阻止这些盲目的情感。

可能，现在您很想从您内心满是委屈的小女孩的角度来思考问题："为什么我要倾听他，而他却不听我的？！我为他做了一切，但他却不能及时关掉动画片，他长大后会成为一个爱哭且自私的人！"现在我来逐条回答您的疑问。

（1）您需要关心您内心的小女孩，在本书的前半部分我们就是这样做的。如果您能够让她感到快乐和平静，她就会停止吃醋和嫉妒，还会轻松地让您给予孩子尽可能多的东西，而且孩子需要很多东西，发展情感领域是他的根本需要，也是妈妈的直接责任。只有真正地、高效地关爱自己，第一步才不会显得那么艰难。

（2）只有当孩子学会控制自己的情感时，他才会关掉动画片。而如果他的情绪"凌驾"于规则之上,我们的任务就是逐步恢复"天平秤盘"的平衡。

(3)"好哭和自私"只是我们作为父母的错觉。以前父母觉得在这种状况下不能马上抱孩子、不能温柔、不能表现出爱意。但如今专家(雷内·斯皮茨、约翰·鲍尔比、唐纳德·温尼科特、弗朗索瓦丝·达尔托等)已经多次证明,只有在爱和接纳中才有可能发展出一个强大而幸福的人。孩子通过内化发展:只有经历的东西才能成为他的一部分。孩子在各个层面——行为上、情感上、个性上——积极模仿父母。他复制父母的行为方式并吸收了其中的含义。因此,您所做的与孩子有关的一切必然会被他内化,并会再次出现在这个世界上,但不是对您,而是对他的孩子和亲人。"青山遮不住,毕竟东流去",您对孩子做了什么,他以后就会对他的孩子做什么,一代又一代。道理其实很简单:如果您接受了孩子的情感,就等于给了孩子感受别人的机会,而不是让他成为一个自私的人。

让我再给您举几个例子。

一个大约三岁的小女孩要求带一个玩具去旅行,但父母不同意把这个玩具带出家门。于是她坐在地上大哭大喊,要求满足她的需求。父母试图告诉她这个玩具太贵而且太脆弱,不能带上公共交通工具,但没有成功。

当然，正如我前面所述，这个小女孩并不理解父母的逻辑，她完全被自己的情感所控制，不明白"贵"和"脆弱"意味着什么。她完全沉浸在自己的情感中。这时，孩子非常需要妈妈的帮助。只要妈妈能够与女儿进行几分钟的冷静交谈，问题就迎刃而解了。

宝贝，妈妈也认为，你不能带着这个玩具出门真是太遗憾了。我知道，你非常、非常不开心。你特别想带着它一起出门，对不对？你和妈妈说说，你们想要一起干什么？你要给她看些什么？我的小宝贝，这一切没能按照你的想法进行，你特别伤心和委屈，妈妈明白这一切。

在某些情况下，对孩子身体状况给予评论非常有效。

哇！你听，你的小心脏扑通扑通跳得多厉害啊！你要是伤心的话，你的小心脏就会跳得很厉害噢！只有伤心的人才会流这么多眼泪。妈妈也很遗憾，我们不能带着这个玩具出门。

这种方法可以帮助孩子关注自己的情感和身体的表现。而对您而言，需要注意的是，这进一步证明了，孩子并不只是在任性和调皮，他的确很伤心。我向您展示一位妈妈在上完我的在线课程"妈妈，别生气"后的一些反馈吧。它们不仅给我留下了深刻的印象，还展示了第一步的另外一个目的。

第三部分 如何正确回应 孩子的情感？

当妈妈和孩子谈论孩子的情感时，妈妈也能感受孩子身上发生的一切，这让妈妈有机会和孩子共情，而不是以生气回应。

"孩子坐在沙发上，不穿衣服。他穿不上自己的连裤袜，这让我很生气。他也很生气，于是他开始任性。我走上前和他谈了谈他的感受和他的心情。最重要的是，我向他解释了所发生的一切。我对他说，他那么小，的确是没有办法自己穿连裤袜。我没有生气，而是温柔地对待他，于是很快，问题马上解决了。"

需要特别注意的是，我们并没有放纵孩子，没有破坏规则，也没有屈就孩子不合实际的要求。惩罚不良行为是错误的，也是残酷的。我们要安静地、冷静地陪伴孩子去体验他的情感，帮助孩子理解这些情感的出现、发泄和延续。

通过一个家庭的案例，我有了一个惊人的发现。这是一份在线辅导工作，我和这个家庭的成员每周见面一次，其余时间由家长完成任务并发送视频。有一个视频是这样说的："丽达，其实用不着花费那么长时间去安慰孩子。为什么每次要花这么多时间呢？！"我看了父母正确且耐心地帮助孩子上床睡觉的录像：小女孩怎么也不愿意上床睡觉，伤心地哭诉着过去的一天和未完成的游戏。妈妈温柔地坚持着自己的"路线方针"，一遍又一遍地重复着我们讨论的所有步骤。最终一切顺利结束：哭喊停止了，妈妈光荣地完成了任务，孩子上床睡觉了。我非常满意这项工作，我们的共同发现是，这个视频只持续了 10 分钟。就只有 10 分钟！要知道我们在睡觉前花费在社交媒体上的时间会比这更多！相比孩子和妈妈一起经历获得的好处，这根本不算什么。应该将此铭记在心并作为最重要的原则记住：花 10 分钟时间平静且正确地处理冲突的情感，对孩子而言，是最珍贵的，也是最好的一项发展活动；而 10 分钟的喊叫、埋怨、责骂和哭泣，纵然会使时间过得更快，情绪和肾上腺素也明显更高，但除了令人讨厌的回忆和揪心的愧疚，什么都不会留下。

  对孩子的行为不可能总是做出温柔的反应，这也很正常。妈妈可能很累，需要支持和鼓励，也可能心情不好或义愤填膺，一切都可能发生，并且生活本身就是这样。请给自己设定一个小目标，每天至少使用一次四步法，而其余时间，用您习惯的方式对待您的孩子，但每天一定至少要尝试一次新的方式。不要在怒火中烧时才去尝试新的补救措施，至少要在平静的时刻尝试。这样您就有时间找到合适的词语去表达自己的想法，有时间去关注孩子的情感和了解他的情况了。别怕犯错！随着时间的推移，您会就会养成一种伟大的技能。以前的我也不知道如何表达，所以预期的结果就很奇怪，也不合适。但即便如此，还是有效果的。现在的我，可以非常熟练地在10分钟内说很多安慰人的话语，滔滔不绝，直到目标达成。

于是出现一个很好的问题：如何知道孩子听到了您所说的话并保证您的话起到了作用呢？要知道，那一刻，他可能是躺在地板上、坐在床下、在您的怀里抽泣或在购物中心大喊大叫。父母最喜欢说："没用，孩子在那一刻不会接受任何信息。"

的确，孩子听不到，而且，他也不应该听。这时的孩子就好像在河里，而您在岸上，您只需要给他一只手，轻轻地把他拉到岸上即可。

应该坐在他身边，尝试身体或眼神的接触，然后再开始交流。如果能一语中的，那结果就会很明显，但每个孩子发出的信号不同。我觉得搞清楚孩子的身体反应相对更容易一些，所以，每次我都会尽量把手放在孩子肩膀上，或者，如果可能的话，我会搂着他。我会选择一些词语去定义他的情感和想法。当我的话语击中要害时，孩子就会以某种特殊的方式松弛下来。我不知道如何用语言来解释，但我认为您也很容易就能感觉到：孩子的肌肉放松了，呼吸改变了，哭泣或喊叫的性质也变得不同了。您的孩子可能开始饶有兴趣地倾听或者喊得更大声。孩子行为上的任何变化都会暗示您，您这样做是对的。

我给大家举一个家庭的例子，我和这家人一起工作多年并成为朋友。

一个七岁左右的男孩与他同龄的表妹发生了一场激烈的争吵。表妹把他的玩具拿走了，他非常生气。战争一触即发，男孩打了她，冲她喊，说了伤人的话。我赶紧抱住他，以免他再用拳头攻击表妹和伤到自己，也避免他再说一些伤害表妹的话。我抓住他的肩膀，阻止了他，然后我说了一句话，这句话非常神奇，效果也很好："妈妈知道，你心里特别不舒服，这是你的玩具。表妹拿了你的玩具，你想惩罚她。你的情感是对的，你有权利生气，因为拿别人东西是不对的。我能感觉到你的肌肉都变紧张了，你想打表妹，是不是？发生这种事情是因为你太生气了。生气的时候就会想做任何事情。告诉妈妈，发生了什么，妈妈和你是站在一边的。"

我真的很想告诉他，表妹并没有对他造成那么大的伤害，他是在小题大做。我也很生气，我想保护表妹，因为男孩应该更坚强、更大方。我想立刻告诉他，他做得不对，因为拿走玩具和打人是性质不同的两件事情，他没有权利这样做。但是我突然反应过来，我自己也是个女孩，我有两个哥哥。我所有关于女孩、男孩及普遍不公正的想法都只是我童年经历的一个印记。而现在我怀里搂的只是一个面对不公正的孩子。他当然知道,他不应该打人,但此刻的他无法控制自己的感情。我的任务是向他解释并帮助他平静下来,而不是用道德和规则来压制他,这些东西现在距离他的思想还很远,就像我的童年记忆,距离此时此地的现实也很远。

奇迹发生了。在我向他解释所发生的一切时,孩子的肩膀松弛了下来。在短短的一分钟内,他从一个肌肉僵硬、撕扯着要去打架的斗士变成了一个听我说话的孩子,最重要的是,他学会了倾听自己的声音。

我和他一起讨论发生的事情,他尽情地抱怨了表妹的不当行为。他说,他想一个人玩,他向我倾诉了自己的想法,但表妹的举动打破了他的所有计划。在交谈过程中,他变得越来越平静。于是我们找表妹商量,请求表妹的原谅。然后我们又在一起和表妹谈论了表妹的感受。表妹说,她根本无意伤害任何人,她也不理解哥哥的反应为什么会如此激烈,她很害怕,觉得自己也很委屈。此时此刻,这位七岁的小朋友已经准备好接受合理信息的准备了,他承认自己反应过度。后来小男孩也道歉了,大家都答应说,今后要更多地为对方考虑。

大团圆结局,是吧?希望如此,但不要被其迷惑了。

如果您将这个故事变成一项一次性行为，那结果只能是一次性地解决这个问题。这只是为了满足自尊心，免受焦虑罢了，但对孩子未来的发展却并没有什么作用。就像晨练一样，做一次当然很好，但必须每天至少投入20分钟，持续数月和数年，才能使健康发生质的改善。似乎是因为缺乏耐心或意志力，但实际上并非如此，我们每天都能刷牙、喂猫、给手机充电、阅读新闻，习惯其实是很容易养成的，尤其是当您觉得值得一试时。

第二步：附和

即使明白了孩子情感的所指，我们，作为成年人，还是会忍不住拿自己做例子："是的，我知道你早上不想起床，但你有没有过，我想吗？我每天都要去上班，你呢，也去幼儿园吧。"众所周知，俄语中的"我"是字母表中的最后一个字母，但我们总是觉得"我"是最伟大的。您、我、地球上所有的人都是这样做的。伟大的智慧就是在以一种自信的方式表现自我和以一种谦逊平静的方式表现自我之间找到一个平衡点。

父母无疑是家庭规则的权威和制定者，重要的是要让孩子理解这一点，并尊重标记界限的不可侵犯性和持久性。为了让孩子了解父母的经验，他们想要知道"我们，

即你和我，是同一血统"。为了更明确，让我们看看父母和孩子之间的区别。

父母

- 对孩子的身心健康负责。也就是说，父母创建良好的家庭生活并承担外部环境变故带来的一切变化，而没有将焦虑和责任转嫁到孩子的身上。

- 能安抚和保护孩子。无论发生什么事情，无论成年人处于何种心态，他们总要向孩子传递一个简单的信息：现在虽然有这样或那样的困难，但我们一定会克服的。爸爸妈妈是成年人，我们知道如何解决问题，而你是一个孩子，我们将永远保护你。

- 制定适用的具体家庭规则：每天看动画片不超过一集；晚餐前不允许吃甜食；不允许晚上九点以后回家。可以谈论孩子的需求和感情，也可以一起调整规则，但父母拥有最后的决定权。为什么？参见第一条。

- 根据孩子的能力和需要，教导孩子并传授他们在生活各个领域的知识和经验。

孩子

- 按照自己的能力和需求成长和发展。就这些。

这让人气愤、生气和压抑,但事实就是这样。孩子不亏欠任何人任何东西。我们想在他身上看到什么,都得教给他什么。有些事情必须反复解释,而有些事情孩子则会从父母的行为中"抄袭",以至于您压根没有注意到。与孩子不同,父母行使着完全不同的功能,但他们也是人,会走路、会呼吸、有感觉。这对孩子来说并不是毫无疑义的。但为了让孩子更容易地掌握这种经验,他需要在头脑中植入一个非常简单的想法,即妈妈也是人。这样就打开了共情的大门,防止了孤独感的产生。无论是妈妈、爸爸,还是地球上所有的人,都会经历同样的感情,而这意味着,我是一个正常的人,我并不孤单,我能理解他们,他们也能理解我。

所以,第二步,我建议附和孩子的感受,告诉他,您能感受到和他一样的情感。

孩子,我知道你现在很不高兴。你还想再多玩一会儿啊!你的游戏很有趣,你根本不想被打断。但是很抱歉,我们现在不能继续了。你知道吗,如果我是你,我也会很伤心。要是我在做一些有趣的事情,我也不喜欢被迫停下来。我,和你一样,也希望想玩多久玩多久。但是,太遗憾了,有时我们不得不在最有趣的地方停下来,不是吗?

这种方法缩短了孩子和成人之间的距离。父母不再是

第三部分 如何正确回应 孩子的情感？

万能的了，也不再是"神"一般的存在，而是一个人。重要的是，要克制自己，不能老是说"我也不想做，但我还是在做！"这样的话。请相信我，这将毁掉之前所有的印象。在这一步，真诚很重要。如果您真正理解孩子的情感，如果您真正赞同孩子的感受，那就请回忆一下，曾经的您在经历这样的情感时是怎样的，那么您就可以敞开心扉，真正地与孩子共情。这将有助于您摆脱愤怒，有助于孩子获得支持感，而且让他明白了，有人在倾听他并理解他。

没有必要说谎，也没有必要和他说那些有的没的。如果他请求您和他一起玩，而您正忙于一项有趣的事情，那就不要和他说，您其实很想和他玩这样的话。实际上，您真正想干的是自己的事情，这很正常。但试着设想一下，要是站在孩子的立场，您会是什么感受？

我知道你特别想和我一起玩，但是你很生气的是，我现在不能马上抽身陪你玩。我理解你，如果我是你，我也会很生气。怎么可以这样呢？！我特别想做一些有趣的事情，但却没有人支持我。这样的话，我也会感到孤独和生气的。

前两步是交织在一起的。学会花几分钟时间聊一聊孩子的感受，问问他想要什么，他的情绪如何。设身处地为他着想，分享您在相同情况下的感受。顺序可以有变化，您可以进行几轮这样的谈话,直到感觉孩子的行为有了预期的变化。

现在,我将引用一些参加过我课程的妈妈们的话。她们都是普通的女性,她们第一次尝试与孩子谈论其感受,这就是她们的收获。

孩子可能不会立即明白您想让他做什么。就像在这种情况下,他可能会感到很吃惊。但请继续尝试。当您初步成功时,您就获得了继续前行的力量。

"当还没有搞清楚另外一种状况时,我打算再试一次'四步法',我真的很喜欢!非常感谢您!当我用'疲劳''生气''委屈'等这些词语形容他的情感时,孩子兴致勃勃地看着我。之后,我站在了他的立场去理解他,而不是指责和批评他。当我猜到了儿子内心的情感并将它们描述出来时,他的眼睛里充满了惊讶,他就不再发脾气了。"

另一位妈妈分享了早上散步的故事。您不必一字不差地使用我建议的词。随着时间的推移,您会建立自己的沟通系统,但最主要的是要遵循基本原则,与孩子共情。

"我和儿子出发去散步。我手里拿着挎包和一些乱七八糟的东西,所以用手肘顶了一下电梯按钮,而他却开始哭喊,非要自己按电梯。我原本想大喊,但昨天听说了'四步法',于是决定试一试。我没有大喊,想起什么就说

第三部分 如何正确回应 孩子的情感？

了什么。结果，可能并没有像您说的那样，但还是有效果的。儿子听完之后居然安静下来了。我对他说，妈妈知道他想自己按电梯按钮，并说他很难过。太棒了！我还会继续尝试的。否则我们一定会一路哭着走到小广场的。"

这个过程中有点复杂，遗憾的是，有一些家庭不得不面对这些问题。在我看来，有几个要素是不能以最佳方式结合在一起的，比如说孩子本身的气质、父母的严格要求及不习惯于向对方表达情感的家庭关系。

"丽达，如果孩子不愿意听我说的话，我应该怎么办？我想要和他交流情感，但他却躲了起来，还让我走开。于是我就让他一个人去冷静，等待他自己恢复，这样可以吗？"

当我们让孩子独自面对自己的情感并告诉他要冷静下来时，会发生什么？我们一起来看看。

我们一起回忆一下本书开篇部分经常谈到的那个小女孩。请想象一下她的内心：她现在的感受如何？她想要什么？她会突然间感到非常痛苦，因为有些事情没有按照自己的意愿发展，或许是妈妈上班去了；或许是世界上最有趣的游戏结束了；或许是她的姐姐来了并抢走了她的玩具；或许是一个朋友来做客然后说了伤人的话。但最让人伤心的是父母伤害了她，父母非常粗鲁地批评了她，冲她大喊大叫，剥夺了她非常渴望的东西。那一刻，感情控制了小女孩，同时，她想大哭大喊、想打人，谁也不想见。这个世界真是太不公平了！小女孩是如此不幸！她生大人的气，自己觉得很委屈，但她不知道自己身上发生了什么，于是跺着脚，说着难听的话，大喊大叫。

在这一困难时刻，她会想要什么呢？但这个重要的问题还没有来得及被询问，因为她的父母说了："我们没有办法理解你，请你自己冷静一下，等你正常了再过来！"于是您内心的小女孩被留在了孤独之中。随着门被关上，所有的声音归于沉寂。小女孩啜泣着，她躺在地板上，看着床下的灰尘；或者她会用手抠着父母让她面壁思过的墙角的墙纸；或许她会研究墙纸上的图案、玩玩具、看书、摆弄地毯、欣赏窗外的风景，然后就平静下来了。也许她开始明白自己错在何处，并且已经开始对自己的行为感到内疚；也可能，她并不明白，但试图去弄明白为什么父母会如此生气，以及现在自己能做些什么。她越来越心烦意乱，于是开始摆弄一些东西，后来笼罩在头上的乌云渐渐消散了。之后父母还会教训她，提醒她遵守规则，并让她道歉。所有人都和好如初，一切都好了。

但真的是这样吗？

逐渐成熟的心理能从这种方法中得出什么结论呢？

（1）我不知道发生了什么。我不明白自己的情感，也不知道它们和什么相关。没有必要去弄清楚，随着时间流逝，一切都会消退，所要做的事情就是请求原谅。

（2）当我生气的时候，没有人喜欢我，我变得不正常了，没有人接受我。在这个时候，我不能指望别人的支持，我只能躲起来，等待时机。这时没有人会帮助我。

（3）情绪激昂时，最好的办法是避免接触，这样我就不会伤害到任何人，别人也不会伤害到我了。

（4）激烈的情感本身就不好，也是不可理解的。需要冷静，不要成为一个错误的人，只有这样，世界才会愿意与我互动。

（5）激烈的情感是指痛苦和孤独的时候。

谁从中找到了自己？请举手！这些结论是否有助于您调整家庭关系？是否改善了您与配偶及与孩子之间的关系？您是否感觉自己被接受、被理解？您是否感觉幸福？未必。

在这种模式下长大的人，每次遇到暴风雨都会觉得自己是一个非常孤独的小姑娘。我不打算详述这个过程，因为您自己也明白。孤独的小女孩变成了一个强大的成年人，她习惯自己解决自己的问题，但在内心深处的某个地方仍抱有一丝希望，隐藏着巨大的需求，希望有人能够帮助自己和支持自己，但这些情感都被深深地、安全地隐藏了起来。

我认为，针对"是否可以让孩子自己去房间平复心情"的这一问题，如果我的回答是"不可以"，您现在一定不会感到惊讶。一个暂时变成浑身长满刺、对他人有危害的孩子可能真的很难实施帮助。他可能让人受不了，他想要把您赶走，他想躲起来，而且真的很难与他进行交流。我会告诉您，我是如何敲开藏在壳里的"蜗牛"的门的。请您记住，此时此刻您的努力是非常重要的，现在的点滴努力都将帮助孩子未来成为一个快乐的人，帮助他知道如何解决问题和谈论情感，而不是逃避到一个尘封的角落。

有一次，我和一个孩子在上课，在垫子上坐了整整一个小时。我（当时是一个非常年轻的心理学家）开始思考自己挣的这点钱是否值得。慢慢地，因为自己的无能为力我感觉怒火中烧，这算什么工作？这个五岁的孩子把自己藏在书桌底下，偶尔从那里向我发出嘶嘶的信号。我当时都要准备发火了，但是我非常感激自己的直觉和先见之明（当时我没有什么经验和知识），我并没有这样做。在地板上坐的这一个小时成了我与小姑娘关系的转折点，而最重要的是，成了她与自己内部关系的转折点。

究竟发生了什么？

第三部分　如何正确回应 孩子的情感？

我们之间发生了争执。她不想做任务，我不急不缓，但很坚定地追求着自己的目标并向她讲述规则，然而我的"直播"失败了。她故意只给我在地板上留了一小块空间，就更别说上课这件事情了。她很生气，她的内心有一片汪洋大海在汹涌澎湃。虽然我知道她对我其实很友好，她的愤怒中夹杂着羞愧、恐惧和爱。这些情感从内心深处撕扯着这个小姑娘。她藏在自己的角落里说着难听的话，而我真的很想回应，可是我并没有这样做。起初我保持沉默，只是偶尔小声地提醒她说，我在，就在她身边，而且我知道，她现在感觉很不舒服，我只是在她旁边坐一会儿，没有任何企图。当我将小姑娘的感受（两个月后我与她才能够谈论这个）说给她听的时候，小姑娘又羞又气。但我在这个阶段的任务只是为了让她学会容忍我的存在。

我不再试图去谈论有关她的事情，只是谈论我自己。我告诉她，我如何把一个洋娃娃摆放在床上，如何把泰迪熊摆成一排，如何在玩具屋里摆放餐桌。小姑娘最初只是听着，后来她开始评论，虽然这些评论并不总是充满善意，但在这种情况下，每一次的交流都会让我倍感高兴。

然后我开始讲述我从窗外看到的东西：云在飘动，轻风吹拂着树叶。我从简单的描写转为哲学的思考：天气如此不同，真美啊！我告诉她，我特别喜欢下雨。我还给她讲述了自己童年时观看大雷雨的故事。随后我用大雷雨比喻了此时此刻坐在桌子底下的她的情感，这将是一个突破口。但现在还不能着急，因为小姑娘还没有准备好，您还需要耐心。

然后我就给她讲了我看过的动画片，讲了动画片主人公们及他们的经历，并告诉她，我喜欢谁，我特别担心的是什么。这时候她的评论变得友好多了，过了一会儿，小姑娘从桌子底下爬了出来。

我和她一起收拾玩具，然后道别，于是这节课结束了。

这次见面之后，我和这个小姑娘的关系进入了一个全新的阶段。后来在与其他孩子一起上课和与其他家庭一起工作时，我无数次地验证了这一转折点的重要性。

孩子已经习惯性地认为自己的情感是让人无法忍受的，也是可怕的，对父母亦或是对自己而言，都是如此。但在这种情况下，这已经不重要了。他已经接受的事实是：别人无法分享他的心情，他也无法忍受另一个人的存在，所以他要赶走别人并要求大家都沉默。如果您注意到自己的孩子有这种情况，请尝试重建他对你、对你们之间的关系的信心。

● 请从最容易的事开始着手去做。在发生不愉快时请保持距离以避免孩子喊叫或追赶，请安静地待在一旁。

第三部分 如何正确回应 孩子的情感？

- 请告诉他，您就在旁边。您现在什么都不想要，就是不能将他一个人留在这里置之不理。因此，您只需在这里干您自己的事情即可。

- 请谈论有关您的事情，如您在干什么，您看到了什么，您想到了什么，此时您要非常谨慎，不要急于求成，要注意孩子的反应，不要让他继续哭喊和继续赶您走。

- 请逐渐转向比喻。您可以关注天气，聊聊反复无常的天气变化。"高级的驾驶术"是将孩子的情感比喻成大自然，如"似乎今天你身上也爆发了小雷雨，这是常有的事情，我理解你"。如果这样的一句话并没有引发孩子再一次发脾气，那您就可以认为自己成功了。

- 接下来您可以回想一下动画片或书籍中的主人公。一边想，一边喃喃自语他们的经历和他们在遭受这样经历时的情感。与孩子的情感作比较会很合适，但也只能小心翼翼地去做。

- 开始使用所讲述方法的第一步和第二步。

- 成功了！

正如您所见，这不太可能一次就成功。对一些孩子而言，单独的一个步骤就有可能需要一个星期，而对一些孩子而言，整个过程可能只需要两天。重要的是最终要得出这样一个观点：孩子处于激烈情感状态时需要成人的支持。

这并不意味着从现在开始您要辞去工作，忘记自己的需求，只去处理孩子歇斯底里的情绪。您只要牢记这一点并定期重复就足够了。您不必担心余生都要这样做，因为孩子早晚会学会自我调节，他未来一定能够清楚自己的情感，明白这些情感并以正确的方式表达它们。孩子得到的支持越多，这种结果的达成就越快。孩子还会获得一个美好的经历，以后可以内化到成年后的生活中，即我的情感很重要，有人爱我，重视我，当我遇到困难时，我可以随时寻求帮助。

通过这种方式，我们培养的不是自私主义或独立的能力，而是爱与被爱的伟大能力。

第三步：度量

或许，将这一步称为回归现实更为准确，因为正是在这一时刻，孩子的眼睛里出现了第一缕意识的光芒。您还记得我使用过的"河流"的比喻吗？一个成年人站在岸上救起一个溺水的孩子。在上一步，我们沉入湍急的水流中，帮助孩子看清了河水的流向并在河里站稳了脚步。在第三步，我们要把孩子拉到岸边。虽然他仍满是惊恐，他的身上还流着水，但他的脚下有坚实的大地。

我们对各种情感给予了必要的关注，允许它们存在一

段时间，给它们取了不同的名字，将它们与身体的感觉联系在了一起，并通过自身的例子表明：有这样的情感绝对正常，它们有权利存在。正如刚才所说的，回归现实的时候到了。

每个家庭都有自己的方法，也许您也会想出自己的方法。请试试看吧！而我非常喜欢度量孩子正在经历的情感。似乎，我们仍然停留在情感领域，但已经在呼唤理智的帮助了，这样可以将认知和情感这两个领域连接起来，并在它们之间建立必要的联系。

让妈妈看看，你有多难过？是这么难过吧？（妈妈尽量把自己的双手张开）或者，像这样？（将手掌合十）哇，原来这么难过啊！（孩子重复着夸张的手势）难怪你哭得这么厉害，原来你的难过有这么大啊！

通常，孩子在此时就会笑了。他会高兴地加入到这个游戏中，并试图度量自己的情感。当这成为一种习惯和一种可以理解的动作时，我们就可以与昨天或上周的情况进行比较了。

你有多生气呢？这么大吗？（妈妈用手比划）你看，你今天就没有像前天那么生气。你还记得，小妹妹拿走你蓝色汽车的事情吗？你也很生气，当时你的生气有这么大。（妈妈用手比划）今天你就没有那么生气，是因为今天没有像上次那么不高兴，对不对？

或者可以将孩子的情感与书本或动画片人物的情感作比较。重要的是，要让这些情感与孩子发生的情感真正保持一致，不要轻视他们的情感。

还记得我们昨天看的动画片《开心球》吗？我感觉巴拉什和你现在是一样伤心的。他也非常伤心和孤独。你现在是不是和他一样伤心啊？你的伤心有这么大吗？（妈妈用手比划）

有时孩子会更加大声地喊叫，而不是笑着用手比划，以说明自己的伤心程度。不要因此而感到绝望，我马上就会告诉您一个小窍门。

做这些手势的意义何在呢？孩子会用发脾气、哭泣或喊叫的方式来表达自己强烈的情绪。我们希望孩子理解自己的情感并将其表达出来，目的就是为了能在一个美好的早晨，孩子可以说："妈妈，我很愤怒，这种情况让我很生气，我们来谈谈吧！"而不是大喊大叫和摔门而去。语言是一种高水平的象征。必须拥有足够成熟和强大的心理才能去谈论自己的情感，而不是把它们放进一台发射器（还好不是盘子），然后用尽全力扔到墙上。孩子就是在循序渐进中掌握这种技能的，他在一小步一小步地朝目标迈进，大人应该关注孩子的情感并正确地评价这些情感。

第三部分　如何正确回应 孩子的情感？

我不止一次目睹过这样的小转变，我知道，有时很难将它们理解为一种积极的变化。

一个三岁多的男孩不停地喊叫，冲保姆发火，说不喜欢她。他不受约束，他在游乐场上打保姆和其他孩子。我开始非常关注他情感领域的发展。他的父母向他解释了他的情感，一起感受了他的情感，让他说出自己究竟有多么生气。到第三步时，他开始撞墙。不得不说，我是在循序渐进地前行，还加入了一些特别的游戏，并和他的父母谈论了他们的情感。情况正在好转，但出人意料的行为——撞墙——却让他的父母感到莫名其妙。

尽管如此，我还是取得了小小的成功。您能猜到这是为什么吗？想象一个线段，如果一端是尖叫和愤怒，另一端是有意识的谈话，那么撞墙就刚好位于这两者之间。孩子已经部分地进入到了具有象征性的高水平状态：他并没有像往常一样打保姆和喊叫，他只是非常生气并开始撞墙，以此显示他的自我调节能力。后来，他的父母证实了这一点。他们继续评论孩子的情感，帮助他驾驭自己的情感，孩子不再撞墙，开始说一些愤怒的话，后来就能平静地与保姆和其他孩子交谈了。

没有什么比父母承认并赞赏孩子的成就更能激励孩子了，如果孩子开始用骂人的话取代单调的吼叫，这很棒，说明您的方法是正确的,因为他已经能够使用语言了。如果孩子开始跺脚,而不是漫无目的地在地板上打滚,那我们就要庆祝我们的成功了。任何变化都是在向目标迈进。

我再举一个爸爸和女儿对话的例子。

"宝贝,你非常非常地生气,我明白,你心里非常不舒服!"

"啊啊啊啊啊!"(从壁橱后面传来声音)

"我知道,你想让我们和你一起吃晚饭。你想让我给你留一块披萨。你知道吗,如果我是你,我也会很生气,我心里也会很不舒服。"

"啊啊!"(从壁橱后面传来声音)

"你有多生气啊?我觉得啊,你的生气有这么大。"(爸爸用手比划)

"哼!我现在就要把您所有的架子都弄坏!就像这样!"(女儿爬了出来,开始喊叫)

乍一看,这种行为似乎令人很难理解。孩子怎么敢对父母说这种话!但重点是,父母是否可以为孩子的这种行为感到高兴和自豪?

可以,我亲爱的朋友们!我们应该像为孩子发出的第一个音节那样引以为豪。难道您不觉得孩子的第一个音节很完美吗?的确,孩子虽然还不能声情并茂地朗读《叶甫盖·尼奥涅金》，他只能说出第一个音节"ma"，但我们明白，这是他迈向成功的第一步，我们要支持孩子经历这段艰难的旅程。

第三步是从情感领域进入意识领域，下一步我们将努力巩固我们的成功。

第四步：表达

在这一阶段有更多的创造空间。如果我们在数量上和质量上足够关注孩子的情感，那孩子肯定会做好继续前进的准备。在这一步，我们可以为您提供不同的选择以落实进一步的行动。我们可以和孩子一起解决问题，一起开玩笑，一起欢笑，给孩子提供必要的帮助，找到妥协的办法。我们结束这一插曲，继续前进。

情感若能被表达出来是件好事，所以我建议要对孩子的情感做出回应。

"你非常非常伤心？有这么伤心吗？"（妈妈用手比划）

"非常非常伤心，就像这样！"（女儿跟着母亲重复比划）

"来，让妈妈给你一个大大的拥抱，真可怜啊！这么伤心啊！怎么这么伤心啊？来，让妈妈抱抱，妈妈爱你！让妈妈的拥抱给你力量度过这个难过的时刻吧。现在感觉怎么样了？有没有感觉舒服一点呢？"

孩子必须知道，您时刻准备着帮助他应对自己的情绪，包括他的所有情感。

"哦，你非常害怕，是不是？我明白！似乎，你有这么害怕吧？"

"是的，妈妈，我非常害怕！"

"来，让妈妈紧紧拥抱着你。你有没有感觉到，妈妈在保护着你？你是不是不害怕了？你要记住，妈妈将永远保护你。"

"我知道你现在很委屈。你有这么委屈，对不对？"

"是的，我特别委屈！"

"我知道你心里很不舒服！真是太不公平了！来，让妈妈抱抱你，你有多大的委屈，妈妈就给你多大的拥抱。你感觉到了吗？妈妈有多爱你，就会给你多大的拥抱。妈妈永远和你站在一边，现在，委屈是不是感觉少了很多？"

如果我们从孩子情绪产生的那一刻起都一直陪伴着孩子，那孩子就会和妈妈一起明白，状况的发生必然会产生情感，只有在我们能够将内心的情感表达出来后，我们的情感才会慢慢消退。每次孩子和妈妈一起经历该历程时，孩子就会形成自己的内在机制，即状况滋生情感，而表达会降低情感的强度。他需要花费几年时间让这个机制充分运转，并以自我调整的方式发挥其作用。您的儿子或女儿会长大成人，而这一过程将完全地、深刻地、正确地、丝毫不差地进入他的内在体验。以后的他不需要再乱扔东西或乱发脾气，也不需要独自躲起来让自己痛苦，更无需用钢铁般的意志或放松的药物来压制自己的情感了。当孩子长大成人后，他会非常感谢您以正确的方式处理了他的内心世界。

要处理生气的情感的确有点困难，但您可以使用一些过渡性情况，建议您借助一些行动来表达生气。

"你怎么这么生气啊？！妈妈知道你现在很生气。给妈妈看看，有这么生气吗？像这样还是像这样？"（妈妈用手掌展示）

"是的！你们都是坏人！我有这么生气！"（孩子重复着妈妈的动作）

"像这样吗？真是好生气啊！来吧，你有多生气，咱们拍手就拍多大劲，就像这样！（妈妈以孩子展示距离开始拍手）来吧，来拍妈妈的手，你有多生气，你就拍多大劲！"

可以拍妈妈的手，可以在地板上跺脚或者蹦跳。借助一些积极的行动来帮助表达生气并缓解身体的紧张。但在这之后，我建议您还是按照已经习惯的方式完成这个过程。

妈妈不生气：亲子关系中妈妈的情绪调节艺术

"哇，你拍的劲好大啊！你现在是不是感觉怒气少了一点？妈妈觉得很抱歉，米沙把你的玩具拿走了，你心里非常不舒服。来，让妈妈抱抱你，这样你就不那么生气了，我们才能进一步想出办法啊。妈妈很爱你，也很同情你。看，妈妈抱着你，你已经不太生气了。太好了，我们在一起总能处理好一切！"

一旦您"结束"这个过程并意识到孩子情绪的高峰已经消退了，那接下来就可以讨论下一步的做法了。我将给出五条建议，但实际上，这样的建议有更多。请插上想象的翅膀，摆脱习以为常的"如果你不立即冷静下来，那你就不要看动画片"。除了操纵孩子或强硬的选择，有大量的方法可以处理这种情况。

（1）给孩子提供选择。它可以是适合你们俩的几项活动。如果孩子因为不想去散步而生气，那情绪消退后，您可以为他提供不同的选择。

"我们一起去散步，好不好？你选吧！我们可以比赛，看谁先从五楼跑下去，或者我们带上滑板车，乘电梯迅速下楼。"

（2）问一问，您如何能帮到他。这很简单，而且非常有效。

"小宝贝，我很抱歉，我们不能再看动画片了。怎么，需要我的帮助吗？也许我们可以一起做一些有趣的事情？"

"是的，我的小宝贝，你一个人睡觉会觉得很害怕。我现在要非常非常用力地拥抱你，保护你。你看，害怕是不是变少了？我还能做些什么来帮助你变得更勇敢呢？"

（3）年龄较小的孩子可以转移他们的注意。正如您之前多次所做的那样。只不过需在其中加入第一个步骤，就是先把感受说出来，然后再说："看，有一只漂亮的小鸟儿飞过去了！"

（4）在某些情况下，提醒规则和约定是有用的，特别是对大龄儿童来说，但请不要责骂他说您已经提醒他一百次了，可他还是不做。您要做的只是单纯地提醒他。

"你生气是因为妈妈没有让你继续玩游戏，而是让你去洗碗了吧？你现在特别不想去洗碗，对不对？我们来说说我们的协议，这样你就会更容易调整心情了。我们去看看我们的日程安排，这儿，今天轮到你洗碗，明天轮到哥哥。"

（5）所有的一切都可以通过游戏的方式来拯救。要是能把困难的状况变成游戏行为，那孩子就不会哭泣和发脾气了。您自己的例子已经足矣，我知道您完全有能力做到这一点。

针对上述这些建议，您现在可能会想："我们一直都是这样做的啊，但它根本不起作用呀！"需要澄清的是，上述这些建议只能用于第四步要结束的时候，它们不能代替前面所有的步骤。遇到这种情况我们总是想尽可能快地处理，要知道速度不仅会影响质量，还会破坏一些善意的想法。

结　论

通过学习关注和理解自己的情感，您会发现自己具有关注和理解他人情感的惊人能力。对于孩子而言这才是真正的救命稻草，是通往快乐和心理健康的成年的通行证。当您与孩子发生冲突或者仅仅是出了点问题时，当孩子被强烈的情感控制时，帮助他的最好方法是向他解释发生了什么。为方便起见，我建议使用四步法。

● 第一步。谈论孩子的情感。具体指出这些情感是什么并评论它们的状况，认可和赞同孩子的情感是非常重要的，需要感同身受，然后再讨论孩子的需求。请注意孩子的身体表现。

● 第二步。让孩子明白，他情绪不好的时候，他并不是孤独的一个人。要告诉他，如果您处于他的位置，您也会有同样的感受。

● 第三步。建议度量一下他的情绪状况，评估其强度，与他昨天的情感，或与他最喜欢的书或动画片中的人物情感进行比较。

● 第四步。表达情感状态，对孩子的情感做出适当的回应，并说出孩子在情绪波动时的变化情况，记录孩子在谈话结束时的感受。

我想再次强调，我所谓的一切并非都是无可置疑的真理。这只是在工作中帮助过我和我帮助过的家庭的一些经验。要是您觉得这个方法非常有用，那我会非常高兴的。让这些方法变成您自己的想法，成为您内在的知识结构，成为您的一种真诚和温暖的愿望，帮助你的小宝贝应对这种非常困难和非常难以理解的情感吧。

请记住，同情孩子的能力与同情自己的能力紧密相关。我发现，这种方法对妈妈本人的治疗作用比对孩子的治疗作用更大。通过上述步骤，您可以与您内心的小女孩沟通，她一定会以平静而无害的情感来回应您。我们一生都在等待有人能够以这种方式与我们交谈，所以，请成为自己的主宰吧！

第四部分
生气是孩子发展的推动力

好了，您已经学会分析自己的情感了，也明白如何帮助孩子去探索其内心世界了。但有一个主要问题：如何处理自己的愤怒情绪，或者有时因为孩子的某些行为而产生的真正的暴怒情绪？如果您的情感并不是过去的阴影，它不会让您想起自己的创伤；孩子的不幸和悲剧并非是从天而降的灾难，他们需要的是您真正的同情，如果您已经理解并掌握了这一点，那么我们就可以进入下一部分的学习了。

还记得我的观点吗？您正确地生气会培养孩子正确地生气。现在是时候清晰阐述这一原则了。有时，孩子实际上是在不知不觉中伤害了您。妈妈不应该没有尺度地顺从，但也不应该一点就着，也不要总是怒气冲冲。通过关注孩子的需求，妈妈带领孩子无限接近每个人当年都会跨越的边界，它是美妙天堂和尘世生活之间的界限，是快乐的无知和独立的旅途之间的界限。这个界限可以尽可能简单地用一句话表述，即："孩子，我们都是独立的人。"不合时宜地说出这句话或证明这句话，它可能就是一个晴天霹雳，对于您的孩子而言就是真正的悲剧。但如果您能平稳地、一步一步地、自然地，并且注意天时地利，您将见证一个强大的人的形成。

第十一章
孩子，我是一个独立的人

孩子在生理意义上出生之后，从心理学意义上而言，他还需要很长的发展时间。对于一些人而言，这个过程可能需要一生的时间：每个人要经历分离（我们将在后面单独谈论这个术语）、成长、发展、离开父母的庇护、独立……在与他人的接触中，人们了解了自己；在社会中历练，就像海边的小石子一样慢慢磨平了自己的棱角；通过心理治疗探索了幽深的内心世界；研究了科学和哲学，学习了事物的本质和外部世界。在这个过程中，每个人象征性地经历多次死亡和重生，不断改变自己的目标和出发点，经历迷失，然后又重返必需前行的轨道。

结果就是这样,与第一个爱自己的生命体,即妈妈和爸爸的关系,在很大程度上决定了孩子进一步发展的方向和可能性。要想有一个良好的开端,重要的是要让孩子感觉到自己与父母是不可分离的:妈妈关心、理解并能感受他的状态,能满足自己,是自己内心世界的一面镜子。如此一来,孩子就会充满安全感并可能在妈妈的反应中审视自己,这是其未来获得独立性的必要基础。

"母子"是一个特殊的双体组合,是两个生命间的特殊关系。早在西格蒙德·弗洛伊德时就将其称为"双人群体"。这是一个融合体,有共同的界限,但彼此孤立,这是孩子出生后前几个月正常发展必需的一切。在这一时期,妈妈不想与孩子分开,她通常喜欢抚摸孩子并和孩子不断交流,她也很难把孩子交付给他人。当必须面临短暂的分离时,妈妈就会非常焦虑,就如同延续妊娠期一样,唯一的区别,是此时孩子在体外不在体内。

随着时间的推移,妈妈和孩子的需求都发生了变化。有时,您发现自己很累,而且情绪上很容易"一触即发"。这是怎么回事呢?难道是自己不爱自己的孩子了吗?最初敲响的警钟可能是焦虑、恐惧和内疚。当您第一次面对这些感觉时,您是怎么想的?妈妈们常常错误地认为是自己不对,并试图压抑内心不愉快的感觉。事实上,它们是系统变化的最初迹象。愤怒的情绪出现了，似乎，您不再需要与孩子如此亲密的接触了。

但遗憾的是，我们并不喜欢分析自己不愉快的情感。自己是愤怒还是生气？自己似乎有什么地方做得不对，不能对孩子生气，一切都是不正常的！

此时正是回忆本书第一部分的最佳时机。我们所有的情感都是必需的，这是一个不变的真理，我们要做的是去理解愤怒的产生和存在究竟有何意义。

"分离"的概念对我们是有帮助的。我们会经常遇到这个术语。广义而言，它指的是与父母的分离过程。但对我们而言，其狭义概念要重要得多，它是一个人感觉自己是一个独立自主的实体的过程。当然，这个过程被假定为各个阶段。孩子不会在某天早上醒来时立即成为一个独立的成年人，他是逐步发展的，通过积累必要的经验，然后以新的形式迸发出来。

孩子每一次发展的新动力，其不断变化的心理和分离的阶段都必然会影响母亲的状况。"母子"这对双体组合对变化的反应是微妙的，正如在任何系统中，其中一个元素的变化必然会影响到另一个元素。孩子会觉得需要更多的行动自由，会想要按照自己的需求去探索世界，而妈妈呢？如果她只对自己情绪的一小部分比较敏感，那她怎么可能充分理解孩子不断变化的需求，又怎么能作出正确的反应呢？如果她只允许自己充满爱意和温柔，而让愤怒、疲惫、生气、退缩的欲望都退居心理防线之后，那她又将如何满足孩子的需求呢？是的，不能！剥夺自己生气的权利，就好像剪掉猫的胡须一样，就破坏了对世界的定位，想要对孩子的刺激作出反应就会变得非常困难。

一位妈妈来找我，她的女儿只有一岁。女儿乐此不疲地在房间里四处探索、玩耍，她对什么都非常好奇，而且还很执着。是什么让妈妈如此气愤呢？两个月之前还不是这样的呢。小女孩在家里不停地跑来跑去，妈妈不得不跟在她的后面，不停地追赶她。妈妈越追，女儿就越躲。

我向这位妈妈提出了一个简单的问题："您想要干什么？"她回答说，她希望能够一边安静地坐在沙发上喝茶，一边看着她的宝贝女儿。但女儿似乎是在故意惹她生气，因为她得追着女儿来回跑。为什么就不能让她安静地坐在一个地方呢？！我请这位妈妈去完成自己的梦想，然后观察一下自己的感受。之后，我们一起发现了一个惊人的规律，明白这一规律对我们现在而言非常重要。

这位妈妈的内心在痛苦地挣扎。一方面是责任和必须要去做的想法：不能让孩子自己一个人，要跟着她，不能让她处于无人监督的状态。而另一方面，孩子则希望能独立行动，而妈妈自己也希望能够安静地待在一个地方看着孩子。在生气之前，她忽略了自己的生气，也不理解它，所以她无法对孩子的需求做出相应的回应。但是一旦我们厘清了她生气的意义，那万事均妥。妈妈花了两个小时把家里变得安全了，她把易碎的东西放在了高处，把门都关紧，然后把玩具放到地板上不同的地方。她坐在沙发上，看着女儿高兴地干着自己的事情。当女儿爬到另一个房间时，如果过了一会儿还不出现，那就得去看看孩子在做什么了。妈妈温柔地回应女儿，但却没有挪动地方。小女孩会自己跑过来，向妈妈炫耀自己的新发现。她玩了一会儿游戏，然后又去干别的事情。女儿终于获得了她在这个发展阶段需要的自由（独立探索，但能够很快返回），妈妈也不再生气，因为她获得到了她需要的喘息机会。

有一点非常重要，我们不仅要感受和掌控自己的生气情绪，而且还要把它展示给自己的孩子。通过这种方式，我们为孩子提供了最棒的服务，其意义难以言喻，更难以估量。在一个理想的世界里，妈妈似乎不应该生孩子的气，不应该向孩子展示自己的情感，其实不是这样的。我还得反复对您说：妈妈正确地生气才能培养孩子正确地生气，才能给孩子的发展带来动力，并深化孩子和父母的关系。

生气孕育平静

您会怎么看待一个不断奉承您的人呢？例如，您迟到了半个小时，别人却回复您说："哦，没关系，我刚好可以呼吸一下新鲜空气。"您踩了别人的脚，这个人却因为自己的不小心向您道歉。您公开做了坏事，但别人只对您微笑并只谈论您的优点。如果是我，我会感觉害怕，想逃离，因为，即使不用特别去关注，我们也知道，一个人不是只有光明的一面，他不可能只以积极的方式去对待生活。

我们的大部分交流是在无意识层面上进行的：我们解读面部表情、手势、身体位置、气味、一些特殊的还没来得及通过大脑并形成对正在发生的事情进行可理解性解释的震动。如果言语内容与无意识流不一致，在意识的某个外围，我们就会感觉有东西似乎不对，有什么东西似乎与这里的现实不相符。当然，这就会引发对正在发生事情的不信任感和不自信感。

妈妈和孩子之间的联系特别微妙，孩子甚至能感觉到妈妈可能没有意识到的东西。当妈妈咬紧牙关挺着，或虽然已经极其不耐烦，但却微笑着继续假装或认为什么也没有发生时，孩子就会接收到两种信息，他会对自己的感受感到困惑："有人似乎不对，但我不明白发生了什么，我放松不下来，我不相信这个地方。"当焦虑和紧张加剧时，必然会导致孩子行为的恶化和任性。孩子就会做出妈妈所谓的"他就像故意激怒和挑衅我"的事。在某些情况下的确是这样，但更多的时候是对你们之间的那个无意识过程的反应，因此，妈妈首先要做的是关注自己的情感，审视一下，在母性的职责下是否隐藏着无法言说的愤怒情绪。

有一个简单明了的方法可以最大限度地减少这些暗流的产生，即交谈和展示。现在就让我们来看看究竟什么时候，以及如何做这件事。

1. 当您痛苦的时候

似乎，这一点显而易见，但我们非常喜欢忍耐。在许多情况下，这是有道理的，但我想谈论的并不是大家都已经知道的，即母亲的容忍度确实很大，若能将它转变为一种正常的反应就太好了。我们能够忍受一只手拿着滑板车，抱着婴儿、拎着一袋杂货，另一只手拿着吸尘器和一本自我发展的书。当孩子发烧、接种疫苗或高考时，我们表现得都像是具有英雄般的气概。让我们来谈谈什么时候忍耐是不必要的，而且是有害的。

首先，请想象自己身处非洲大草原：有一片广阔的土地、正午的热浪和一群在树荫下休息的狮子。您看到了一只美丽的母狮和它的狮子宝宝。这些狮子宝宝,一些在安然入睡,而其中有一只最活泼,它想玩弄一下妈妈的耳朵,于是它爬上妈妈的后背,用爪子抓妈妈的脖子。妈妈睁开一只眼睛,威严而安详。狮子宝宝开始咬妈妈的耳朵,有一次咬得特别狠。狮子妈妈没有失去她的威严,发出了警告性的咆哮,并迅速将这个麻烦的幼崽摔倒在地上。小狮子宝宝打了几个滚,躲在妈妈的后爪子后面,片刻后又恢复了它的欢闹。狮子妈妈的耳朵完好无损,狮子们都能很满意。

现在让我们回想一下,在面对心爱的孩子那些惹人讨厌的行为时,您是如何反应的?您会有这么威严吗?更多的时候,我们只是咕哝着"妈妈好痛",然后就从孩子粘人的手里将自己的头发抽出来。请尝试更加本能和准确地做出反应吧。眼中含泪的嘟囔就是一个双重信息。如果您感到痛苦,如果您不喜欢,如果您感觉不舒服,请冷静而坚定地说出来吧。请成为一头慷慨激昂的母狮子吧,要坚定自己的正确性,要明白自己总是能够保护自己。请把孩子的手拿到一边,如果有必要的话,把他们推开,并要求他们立刻停止。

这个例子适用于任何年龄和任何情况下的孩子。请注意,如果在此过程中你感到痛苦,感到不舒服,甚或生命或健康受到威胁的话,那负面反馈是绝对正当合理的。孩子并不总是乐于接受必须要接受的条件,但请记住,您有四步法:在明确表达您的不满后,您总是可以获得同情并可以一起抱怨,不应该让妈妈(和其他人)感到难受、不应该殴打妈妈,不应该有其他自残行为,即使会情不自禁。千万不要就后果训斥个没完没了,想一想母狮子,简短而明确的答案对孩子是最有效的。

2. 当您不想的时候

一天内要玩 10 次汽车,读 25 次书,也不知道这究竟体现的是伟大母性的英雄主义,还是受虐狂的倾向。妈妈们不喜欢陪孩子玩,这是很正常的(回想一下,这个词已经被多次强调)。大多数妈妈想到自己不愿意花时间陪孩子玩,内心就会感到内疚:"我不想陪孩子画画、玩耍、做作业、聊天,我这样想真是丢人!"让我们平心静气,回想一下内心的小女孩。正常成年人的想法就是工作、与丈夫交流、看书等,而不是玩彩泥。内心的小女孩愿意一起分享自发的游戏和一起活动的乐趣,但前提是她要喜欢这些活动。想象一下,您让一个小孩子违背他的意愿去画画,他会喜欢吗?不,他会哭,会生气,会用各种可能的方式进行抵制和反抗。因此,您为什么要期望自己去享受您目前不想做的事情呢？！于是很自然，当您似笑非笑地推着小汽车时，您内心其实只想着一件事情，那就是在揍自己的宝贝和把他的整个车队扔到垃圾桶之前赶紧逃离。

摆脱困境通常的方法是倾听自己。请询问一下您内心小女孩的想法吧！或许，您可以翻阅一下杂志，裁剪最喜欢的衣服，绣一绣放在橱柜夹层里已经15年了的十字绣。请为孩子提供一些自发的游戏吧。他会很乐意加入其中的，而您也会发自肺腑地想和他一起做这些事情。

如果您内心的小女孩想要睡觉，您的大脑在提醒您要洗衣服，而您的孩子正拉着您去停车场加入闪电麦昆时，您该怎么办？请明确您愤怒的原因吧，请拒绝吧！

"儿子，妈妈知道你特别想和妈妈一起玩，但妈妈不想，因为妈妈累了，妈妈很想看会儿书。明天将是新的一天，我们一定会找出时间来玩的。"

这一句话里有两个禁忌短语："不想"和"想看会儿书"。我特别强调这一点是因为我知道许多人特别不好意思说这些话。我们不能说不想，我们只能说"对不起，我现在不能"，更别说读一本书了，只有洗衣服或做晚饭是被允许的。

每当硬逼着自己去选择"想要"和"不想要"时，我们就会感到愤怒和生气，但我们一直逼迫内心的小女孩

（因为这是她的心声！），却并不考虑后果。

请允许自己去做一些想要去做的事情并表达出自己的愿望吧。如果您让自己变得更快乐，孩子也就会明白，尊重他人的需要是多么重要的一件事啊！在您榜样的帮助下，孩子也会懂得如何满足自己的需要，这难道不是教育的一个主要目标吗？

3. 当您心情不好的时候

每天早上我都会沉浸于自己的思想中。我喜欢一边思考，一边做一些简单的家务；我喜欢悠闲地做一些事情，喜欢以最快的速度让自己的大脑运转起来。对我而言，早晨是规划这一天的生活或进行创造性思维的最佳时间，谁要是把我从这种状态中拉出来，谁就倒霉了。

当然，我会对每个人都保持亲切的微笑，因为必须要做早餐，分散注意力、回答问题，但无论我如何努力，我发现，在我家里，争吵通常发生在早晨。直到有一天，我脑子里产生了疑问：为什么我不能要求所有人在我醒来后的前半小时都不要搭理我呢？他们会觉得委屈吗？他们会不爱我吗？他们还会激怒我吗？不，您应该立马提出要求。当无法做到的时候，不要强颜欢笑、强迫自己，只需要平静地向整个世界宣告自己的感受，这样就无需强迫自己,也无需因此而感到愤怒了。

说起来容易!但是,我们有权感受自己的情感,而且不必因为害怕羞耻和谴责而将其隐藏起来,这是比线性代数中的矩阵方程更容易的一项任务。

当外面下雨、与丈夫争吵、想到一首悲伤的歌曲、期望的工作被拒绝、连裤袜破损、心爱的猫死了、花瓶碎了时,我们都会感到悲伤。

如果预期的计划被破坏、预想的事情没有成功、膝盖被椅子撞得生疼或者出现额外的工作任务,这些都会让我们觉得压力重重,我们可能会因此而愤怒和怨恨,我们也可以感到委屈、气愤、悲伤、无聊、担心……什么情感都可以。

而且我们也不一定非要在这种情况下表现出高兴,非要给世界一个无忧无虑的微笑。请相信我,您的亲人能够理解并接受您的情感,您的孩子也不例外。您所要做的就是照顾他,并向他解释所发生的事情。不要试图去掩饰,因为孩子能感觉到一切。如果孩子感觉到的是一件事,而您试图描绘的却是另外一件事时,孩子就会迷惑不解。

请解释您的情感,分享您的情绪。请使用简单易懂的语言,剔除那些不必要的冗繁信息吧,但要开诚布公地告诉孩子自己所担心的事情,让他明确地知道,此事的缘由不是他，与他的行为无关，更与他无关！

您可以本能地表达自己的情感，即使认为理由不够充分，您也有资格这样做。不要害怕表达的错误或不恰当。

一位妈妈与我分享了这样的心理历程。有一天早上，她非常沮丧，因为她不小心弄断了自己最喜欢的金链子，那是她已故父亲送给她的礼物。孩子想和她一起玩耍，但她却一直都心不在焉，她因为无法与儿子正常交流而感到非常内疚。她能对孩子说些什么呢？

"孩子，这样的事情总会发生。妈妈现在很伤心，很难过，我想起了你的外公，我很想他。妈妈现在不想和你玩。妈妈不开心，不是因为不爱你或你做错了什么，而是因为妈妈现在的心情不好。给妈妈一些时间好吗？等妈妈心情好了，妈妈一定会和你玩的。妈妈答应你很快就会履行承诺，真的！到时候我们一定会很开心，但现在妈妈需要独自待一会儿，妈妈需要难过一会儿。"

正如您所见，这并不困难。请试着不仅是向您的孩子，还有您的丈夫及身边的其他人敞开心扉，不要隐藏内心的紧张，请将您的担心诉诸他人。人们猜不出您的情感和想法，但当您敢于解释时，他们会理解您的。

也许就是在这个时候，您会发现周围的每个人身上都有真正的同情心。

生气孕育信任

在唐纳德·温尼科特的一篇文章中,我读到了一个凄美的小故事,讲述了他如何为一个流浪街头的小男孩提供庇护。战争期间,小男孩被送到了一所寄宿学校,原因不是轰炸,而是他一直在逃跑。在唐纳德·温尼科特家里,小男孩还继续挑战这些对他而言已经很重要的大人们,他的行为很可恶,著名心理学家和儿童专家唐纳德·温尼科特对此义愤填膺。"我是否揍过他?不,从来没有。但如果我和孩子都不理解我的憎恨,我当然会揍他了。"您应该明白这是多么重要的一句话啊。动荡的时代,一个男人不得不把一个九岁的小男孩一遍又一遍地从区警察局领回家。通过了解自己的情感并把它说出来,人们的确能处理好这些问题。然而,现在对于我们而言,重要的是要搞清楚这一点:您认为孩子为什么要这样做?心理学家唐纳德·温尼科特和他的妻子已经成为小男孩最重要的人了,一个平静和稳定的避风港也已经出现在了他的生活中,那他为什么要破坏它呢?我举的例子强调了一种规律,它对每个人而言都是正确的。

当我们需要爱时,我们势必会把它作为一种考验。唐纳德·温尼科特写道:"似乎,孩子相信,只有当他体验

第四部分　生气是孩子发展的推动力

到憎恨之后，他才会被爱。"他在实践中也发现，如果病人在寻求客观或公正的憎恨时，他必须亲身体验它们，否则他就会认为自己无法得到客观的爱。于是就出现了现在的逻辑：一旦我们意识到爱和这种爱对自己的价值时，我们就需要马上确保它的坚实性和不可改变性。我想，当您追溯自己所经历的爱的发展路程时，您会从中回想起这种行为。最幸福的夫妇，当他们意识到属于对方的那一刻开始，他们就会处于各种大大小小的"战争"中。但是，我们为什么要用自己的双手去摇晃我们所乘坐的小船呢？答案很简单：我们想要测试它的稳固性，以确保在任何风暴和任何水域中我们都能安全出海。真正的支撑点要一直停留在原地并发挥其功能，只有确保这一点，我们才能安心。

您的孩子也会表现出同样的行为。当您在心里感叹"他是故意的""他好像故意这么做，目的就是为了让我骂他"时，请翻开本书的这一页，提醒一下自己，如果一个人迫切需要肯定自己是否被爱，那他就会这样做。

问题是，孩子还不能理解，某样东西改变了自己的某一特点，但其实质并没有发生变化。孩子在2—3岁时，这种鉴别能力才刚刚出现，随后发展到成熟（这不就是成熟的定义吗？）。举一个区分男孩和女孩的例子就很容易理解这一点了。如果您把一个五岁的男孩万尼亚领到一个两岁的小女孩面前，小女孩会说这是个男孩。但是，如果您给万尼亚头上系上一个蝴蝶结，给他穿上裙子和粉红色的上衣，给他一个洋娃娃，两岁的小女孩就会自信地把万尼亚称作玛莎，然后还会伸出手去摸一摸他的玩具。小女孩还需要很长时间才会明白，虽然衣服、发型、玩具和行为可能会发生变化，但小男孩永远是那个小男孩。您知道万花筒吗？它可以根据角度的变化而改变图形。孩子可以无数次观看这些图形的变化，但每次只要看到原始图片，他们还是会感到无比兴奋和发自内心的惊讶。

孩子也会根据自己心理发展的程度来理解妈妈。现在请您戴上墨镜，改变一下发型，然后走近孩子……您知道结果会是什么。两岁的孩子会认不出您，然后放声大哭；而五岁的孩子则会用不确定的眼神看着您；十几岁的孩子会说："真酷，妈妈，但是这副眼镜不太时尚！"

当我们的情感状态发生变化时，我们就好像在孩子面前换装一样。他知道"好"妈妈是亲切、温柔、善良、能给他喂奶、关心他的，他也知道"坏"妈妈是什么样的。所以，孩子心里会"认为"他有两个妈妈：一个是正常的，而另一个，会大喊、骂他、不给他玩具，还会推开他、向他表达不满。他也不知道为什么需要这样的妈妈。

在令人满意的发展条件下，如果两个"妈妈"的存在达到了必要的平衡，孩子就会有获得一个重要的经验。事实证明，一个"坏"妈妈并不是一场灾难或生命的终结。即使她会出现，但一段时间后肯定还会再次出现一个好妈妈，让一切变得更好。孩子认识了两个"妈妈"，了解了她们，学会了与她们互动。一段时间后，奇迹发生了：他明白，坏事和好事也可能同时出现。即使妈妈现在大喊大叫、怒气冲冲，但她仍然深爱着自己并能接受自己。孩子从中得出了具有深远意义的结论。

如果下雨，您可能会因为计划被破坏而感到难过和生气，但这只是暂时的，因为生活的经验告诉我们，每一场大雨过后，太阳都会出来，照耀着温暖而湿润的大地。一件糟糕的事件会破坏生活的常态，但它不会把我们拖入深深的抑郁中，因为所有的悲伤和痛苦都不是无止境的。个人的失败并不会成为巨大的灾难，即使我的妈妈可能是一个"坏妈妈"，但这并没有改变她对我的爱，也就是说，我可以犯错并继续爱自己！我可以不再因为最卑微的失误而憎恨自己，不再因为工作上的困难而贬低个人的生活。我可以允许自己不完美，偶尔也需要流露出疲倦，需要支持。我能够相信自己的能力，不会在困难时灰心丧气！

您的孩子正在成长，会从自身获得越来越多的支持。因为您给了他真正神奇的灵丹妙药：比例恰当的客观的愤怒和客观的爱。他在您身上看到了这一点，他也将学会在自己身上看到这一点，并也能在其他人身上看到这一点。

每当妈妈对孩子表现出愤怒时，孩子也会意识到自己的不完美。如果有两个妈妈，那么应该也有两个我：一个"好"的我和一个"坏"的我。如果妈妈生我的气，不喜欢我，那就意味着，我自己有什么地方做得不对，我不再是原来的我了。您能想象这是多么的不愉快吗？孩子需要时间和一定的心理发展水平来理解自己和自己行为之间的区别，明白妈妈生气是因为她的头发被抓住了，她受到了伤害，而不是因为孩子变成了世界上最可怕的孩子，他不再被爱了。

只有妈妈客观地、准确地表达出自己愤怒，才能拨乱反正，孩子才会意识到，他还是原来的他，他不过是做了错事，妈妈对此作出了适当的反应。他坚信，他不会失去妈妈的爱和"善"的感觉。其实根本不存在两个妈妈和两个孩子，只有一个完整的妈妈和一个完整的孩子，他们只不过表现了自己所有的坏和好，不同的情感、感觉和需求罢了。

您是否在想，是不是可以让孩子尽早明白这一点，别再用坏脾气和挑衅行为折磨父母？我完全赞同！但孩子需要几年时间才能最终完全在妈妈的爱中确立自己的地位并理解自己的冲动。孩子将反复尝试、犯错、测试底线、挑衅、展示自己的情感和不完美之处，以观察成人的反应。所有这些都是为了了解自己，相信爱的恒久，理解什么是对什么是错。

您的孩子将学会客观地看待自己的不足，而不是贬低自己。在区分他人情绪特点和洞察他人深层性格时，他也会理解他人。我认为，您能够想象出这种能力对一个人来说是多么的重要：您将能容忍丈夫的唠叨情绪，而不至于对其耿耿于怀；他人不友好的目光将是他们状态的反映，并不能确定是您出了问题；老板的批评不过是激励您学习新东西的动力，而不是责备自我和贬低自我的借口。

妈妈的愤怒通过这种不同寻常的方式表现出来，将帮助孩子建立对自己所爱的人、对自己以及对整个世界的信任。如果孩子只接触父母积极的一面，那他将永远无法完全信任他们，也将无法理解自己和他人的整体形象以及任何形式的负面现象，而这些孩子迟早都需要面对，到那个时候这才将是一场真正的灾难。

但是，我们很难想象一个不存在生气情绪的世界，也很难想象一个充满太多生气情绪的世界。我想提醒您注意这一点。"很多"并不是以零愤怒来衡量的，它必须存在于您和孩子的共同生活中，我在前面的论述中已经解释了。"很多"是指远远超过黄金分割线，也就是说妈妈被

妈妈不生气：亲子关系中妈妈的情绪调节艺术

本书前几章节中描述的那些情绪控制，她完全无法与孩子谈论自己的情感，并将惩罚和虐待作为主要育儿方法。在这样的家庭，孩子经常面对的会是一个"坏"妈妈，他无法在"坏"和"好"之间取得平衡，于是他将使用各种心理防御机制以便在某种程度上恢复必要的和谐。

心理学博士扎哈罗夫在他的《儿童白天和夜晚的恐惧》一书中，列举了丰富多彩的让儿童感到恐惧的例子。一个小女孩经常做噩梦，梦见可怕的巫婆来找她，想要吃掉她。在现实生活中，她有一个严格的、有时甚至是有点暴虐的妈妈，而孩子却把她描述得非常慈爱、非常善良。为什么女孩没有看到妈妈"可怕"的那一面呢？因为她的心理总在为自己辩护，她否定自己父母的不完美。小女孩将妈妈的形象划分为"坏"的一部分和"好"的一部分，其中"坏"妈妈变成了巫婆，被迫离开了现实生活，而"好"妈妈则被留在了意识中。

通过这个可怕的例子，我只想告诉您，对于一个孩子而言，接触到妈妈"坏"的部分和自己"坏"的部分是非常重要的。当案例中的小女孩长大后，她会在表达敌意方面存在严重问题。您会发现，她不得不把自己妈妈"坏"的部分埋藏得特别深，从而和它失去联系，但与此同时，也和自己整体的形象失去了联系。她个人的生气情绪现在只会在关键时刻偶尔像火山那样爆发一下,而在日常生活中,恐惧感和不安全感会占据重要地位。

请允许我再使用一个比喻。生气的情绪就好比您必须与之交战的一条恶龙,您可以杀了它,也可以把它藏匿在山洞里,可以用铁链把它拴起来,还可以和它不断对决。或者我们可能从未见过它,于是我们就一直在寻找它,我们会把飞过的每一只漂亮蝴蝶都误认为是恶龙。或者我们可以与恶龙面对面,去认识它,了解它的大小和能力,从各个方面观察它,让它成为自己的朋友。只有人和龙的象征性统一才会给我们带来飞翔的感觉、取之不尽的力量和看清世界全貌的能力。

对我们而言,母龙养育着子龙:母龙可以杀死自己的孩子,也可以对其置之不理,让年幼的子龙独自去面对自己没有经验的生活;或者母龙也可以教它使用其强大的力量,以利于自身和谐与完整性的发展。

生气有助于孩子的发展

我接待了一位妈妈,她不久前生了第二个孩子。她有一个幸福的家庭:丈夫和她在各自的专业领域都很成功,他们的婚姻关系很和谐,还有一个可爱的大女儿。当第二个女儿诞生后,她开始抱怨说,恐惧和慌乱最近笼罩着她的日常生活。我对她的事情比较了解，所以我怀疑有隐藏的情感，而这些情感，显然，对她而言较难发现，而主要的情感是生气和愤怒。

问题在于，她原本是一个真正正确的妈妈。她受过很好的教育，读了很多育儿方面的书，思考了很多有关育儿的问题。但第二个孩子诞生后，她感觉已经不知道如何当一个正确的妈妈了。

孩子出生后，一个女人除了自己的新生儿，她不会再思考任何事情。所有的一切都变得不再重要，或者它们也将被用于保证母子的平安幸福。如果有什么东西妨碍或威胁到这种全新关系的完整性时，妈妈就会变得愤怒，就想要摆脱它。您认为，她的大女儿，也就是这个三岁的孩子，属于哪一类范畴？当然不属于帮忙的范畴。大女儿想要被关注，她不断地将妈妈从与新生儿融为一体的状态中"拽"出来，这让妈妈非常生气。

这是一个绝对正常的过程。系统需要时间重设和分配新的角色，但妈妈却打算抗争，要知道她可是那个最有爱的妈妈啊！她知道需要关注大女儿并继续以之前的身份和孩子沟通非常重要，她不能生气。但您骗不了自己的心理，愤怒会在其他地方爆发的：这个女人常常感觉恐慌。

我们见面时谈论了她的情况。当这个女人说到自己的不完美时,我被她痛苦的眼泪深深打动。"您知道,"她声音很轻,像是耳语,"我对大女儿很生气。"这就是她展露在我们面前的最重要的情感。随后的几次见面我们都在讨论这种情感:我们去了解它,研究它,寻找它的表达方法,慢慢地,恐慌烟消云散。

一个新的发展阶段出现了,我想与您共享。

几次会面后,这位妈妈容光焕发,她与我分享了自己的巨大成功。她的大女儿已经学会了谈论自己的感受。而且,大女儿开始关注自己愤怒的情绪,并将其与自己的需求联系在一起,她还会把这一切告诉妈妈。这绝对不是意外的巧合,对不对?这里,我还是想再次重复我最喜欢的一句话:妈妈正确地生气会培养孩子正确地生气。

现在让我们一起来分析一下其中的原因。

最初,孩子认为妈妈是恰到好处的。妈妈是他的私人财产和他的一部分。一个成年人很难想象这种心理状态。在我看来,就是很自然地使用自己双手的感觉。如果我想挠一下耳朵后面,我用自己的手很容易就可以做到。但现在让我们想象一下,突然间这只手不听使唤了,例如,在不舒服的睡眠之后,手发麻了。当您试图举起它做一个习惯性的动作时,它却好像变成了别人的手,完全不受您的控制,与您不是一体了。不得不承认,这是一种非常不舒服的感觉。

类似的事情也会发生在孩子身上。当他还是个婴儿时，通常只要一听到他的哭声我们就会跑过来。婴儿饿了，妈妈甜美的乳头就会出现在他的嘴里；突然尿湿了，一双关爱的双手就会神奇地解决这个问题。如果哪里生病或者受伤，当受到惊吓或者感到不安时，随着"魔杖"的挥动，一切就会变得美好而平静。这种婴儿期的无所不能是儿童心理发展的一个重要阶段和基本阶段，但它不是无限期的。

随着时间的流逝，孩子熟悉了自己的活动，就会拉大与妈妈之间的距离，开始去探索周围的环境，突然有一天，他会遇到一个让自己感觉非常可怕的想法：妈妈不是原来的妈妈了！这从他伤感的表情就可以看出来。当孩子跑去干一件事情，由于不够灵活，他一屁股摔在了地上。他惊恐地环顾四周，大声哭喊。这一刻，他真地很困惑："为什么我这么痛苦，而妈妈却没有马上来救我？为什么魔法不起作用了？难道妈妈要和我分开了吗？"

越长大这种感觉越强烈。原来，妈妈也有自己的兴趣，也有自己的事情要做，也有自己的情感和意愿，而这些，哦，太可怕了，不仅仅与孩子相关。

为了直观地说明这一点，我们来看看发生在婴儿身上的行为的顺序：感到饥饿→奶来了。

现在我们再来看看一个三岁孩子的情况：感到饥饿→情感出现→意识到这个过程→把注意力转向妈妈→说出自己的愿望→请求→获得奶。

或许，压根不是奶，而是一些奇怪的燕麦粥，还得自己用勺子吃。大家说，吃吧，吃了就能长成一个大英雄了。

让我们想象一下，一个孩子在这么短的时间内需要完成如此漫长的征途？生气的情绪在这一发展过程中起着特殊的作用，因为正是这种情感帮助孩子明确了自己与母亲正在逐渐分离。生气的情绪，对世界以及对自己不够完善的不满意给予了孩子前进的动力，促使孩子要求获得自己需要的东西。如果没有生气的情绪，一个伤心的孩子就会坐等周围世界本身的变化，但他生气了，并采取了积极的行动。

在上述例子中，大女儿意识到必须要与母亲分离，她正确的生气方式帮助她克服了这个困难。以前，妈妈总是时刻有空并会满足她的每一个需求，但现在，妈妈觉得应该适度生气，以此拉大孩子与自己的距离，限制孩子和自己的接触。借助妈妈的情感，大女儿开始学会面对自己的情感，分析它们并得出正确的结论：现在不再是妈妈已经不能掌管自己的世界和满足自己的所有需求了，我自己也可以成为自己生活的主宰。当发生跨越式发展时，孩子的心理就会发展到一个新的水平。孩子能够认识到自己的情感和需要，会对它们作出反应，并找到满足它们的方法。孩子变得更加了解自己的内心世界（尝试分析自己的一大堆感情）和外部环境（知道应该找谁，何时寻求帮助）。

当然，一切都要恰到好处。如果孩子在他们还没有准备好时就需要面对这种生气情绪和个人的独立性，那将会降临一场灾难。孩子的世界将会失去平衡，也得不到任何发展。一岁的孩子还不能独立，不能理解和满足自己的需要。只有在接近三岁时这种能力才会发展起来。如果在他的这个年龄段，您突然觉得，你们的共同时光会时不时地激怒您，您想读会书或做自己的事情，想哪怕偶尔与孩子分开一会儿，想有更多的时间与丈夫在一起，那么就倾听一下这些感觉吧。况且，这也是系统的要求，您的孩子已经有能力去面对他的情感了，至少他已经可以把生活的一小部分掌控在自己手中了。

我再和您分享一个实际案例。一个非常和谐的家庭来找我：爸爸、妈妈、17岁的女儿。女儿中学刚刚毕业，正在与一名年轻男子交往。女孩子是一个与众不同的女孩：漂亮、在交流中非常客气、对父母充满善意、很亲切。但是让他们感到不安的是，女儿不再像从前那样和他们交流了。女儿开始隐藏自己的情感，她不再与父母坦诚相待，她喜欢独处，也不好意思和他们谈论自己的问题。而女孩则抱怨说缺乏自由，对父母经常会感到愧疚，因为她不能给父母想要的东西。

我对女孩进行了单独的咨询治疗，分析了她与别人以及与自己的复杂关系，并与其父母进行了几次单独会面，这在很大程度上有助于我们的工作向前推进。有一次会面时我们讨论了他们的个人相互关系以及对女儿的真实情感，一些精彩的细节浮出水面。他们是非常慈爱的父母，但却陷入了与孩子的不正常的关系中。他们知道爱和被爱是父母与子女关系的运作方式，所以他们把最好的东西给了女儿，并教她做同样的事情。但结果，这甚至违背了他们自己本能的欲望和需要。每天早晨，他们都会对女儿无休止的磨磨蹭蹭感到很生气。他们也并不总是喜欢和女儿待在一起，听她讲述学校的生活和男朋友的事情。爸爸和妈妈不再希望如此亲密的有触知的交流，总而言之，他们希望有更多属于自己的自由时间。

通过会谈，一切都清楚了：他们的女儿已经不再是小孩子了，而他们，作为正常的成年人，本身也需要拉大与孩子之间的距离。况且，如此亲密的家庭关系也会让父母感到生气，但承认这一点又与他们认知中应成为和孩子友好相处的家庭相矛盾。我们讨论道，青少年已经是成熟的成年人了，他可能惹父母生气（请尝试和另一个成年人住在同一个公寓里！），这绝对正常。不要觉得内疚并试图将关系恢复到之前的水平，这是不可能的。相反，您需要倾听您的感受，拉大家庭成员之间的距离，让每个人都相处得舒服。

家庭氛围已经发生了巨大的变化。这个家庭从相互生气并为此感到内疚变得温暖而友好，每个人都重视并尊重对方的私人空间。女儿感到了巨大的解脱，因为父母正确地表现出了自己的愤怒，使得她也能够毫无愧疚地冲父母生气，并为自己标明了必要的底线。

您看到了，我们的各种情感是如何从我们最大的敌人变成帮助、保护和支持我们的朋友。不幸的是，如今的世界盛行穿裙子的詹姆斯·邦德，即一切要靠自己，不要说太多的话语和流露太多的情感，没有犯错的权利，不能向自己和他人承认自己的弱点。我希望您在阅读本书的过程中，能越来越坚信这样一个想法：您所有的情感、感觉和直觉都是正确的。我列举了许多如何倾听自己声音的例子，你可以在其中发现正确的答案。实际上，一切都在您的大脑和心中，您只需要不加过滤地让自己去接触这些信息。书籍、心理学家、普及工作者、亲戚和朋友的意见只是帮助我们找到了正确的形式，了解了解决我们困难的新方法，但答案本身在于我们自己，只不过妈妈要知道并感受到与孩子互动的正确方式。请将自己的认知从无休止的"必须这样做""这是体面的""这是正确的"和"奶奶曾经说过"的束缚中解放出来，这样您就会找到自己的"金钥匙"。

当孩子做了您不喜欢的事情，请先了解一下自己的愤怒情绪。愤怒情绪的痛苦部分向您展示的将是深层的创伤和此时的需求，从第一章节开始，您已经知道它们可能与什么有关以及如何帮助自己。正确的愤怒情绪总是指出了您与孩子关系中的一些问题。系统需要改变了！请学会关注并倾听自己的感受。

您生气的原因无外乎孩子穿衣服穿得太慢，您得给他整理帽子、找手套、系鞋带、戴围巾，而您已经热得受不了了？请试着改变一下状况！给孩子敲响警钟，让他自己穿好衣服，您不要参与其中。请将您的精力用于思考，可以采取什么样的游戏方式来加快行动，可以请谁来帮忙，如何依次教会孩子自己应对现有的困难，而不是想着如何解决自己的愤怒情绪。

一个虽小但非常重要的原则就是：当您感觉愤怒时，就什么也别干。我知道很多事情说起来容易做起来难，但很有效,真的。世界不会停止,没有人会死亡,世界末日也不会到来,只不过就是参与该过程的其他人都明白了,妈妈已经不能解决这个问题了。当然,他们不喜欢这样,而且孩子(或丈夫,或婆婆,或朋友)会生气。但要记住这样做的结果。它并不会让孩子认为您是一个可怕的妈妈,反而会让孩子在厘清自己的情感后(当然是在您的帮助下),能够掌握必要的技能,让自己掌控自己的生活。

"妈妈不想把玩具从顶层架子上拿下来。这,当然,很让人生气。但我真的很想要这个玩具,所以我要自己去拿。我得去找一把椅子,想想怎样摆最好。也许可以叫爸爸来帮忙,好吧,我会自己想办法的。"此时孩子的大脑中大概就会出现这样的想法。当您拒绝为他做某件事时,您实际上是在让他的大脑工作,这就意味着,他的大脑得到了锻炼。

"妈妈,陪我玩吧!您为什么不陪我玩呢?!哦,好吧,既然妈妈在看书,那我也去找点事干吧。但是干些什么呢?"于是思考过程开始了,孩子未来一定会为此而感谢您。他将学会利用周围环境来达成自己的目的,这对大脑而言是一个很好的训练。"嗯,似乎,什么地方有纸壳和胶水,我去找找看,应该可以为我的新车做一个车库。"

给孩子当一个完美的妈妈,处理他所有的困难,这只对他生命中的第一年或第二年有好处。然后随着时间的流逝，拉大距离的需求只会与日俱增。您的愤怒以及不想做任何事情的想法可能会将您"诊断"成"恶毒的母亲"或将您认定为一个超级懒惰的人，但现在您明白了，正是您的这种情感以一种巧妙的方式回应了系统的需要。您不会内疚地打开动画片去取悦自己的孩子，也不会因为"不好"的心情而让自己难受或咬紧牙关做自己不喜欢的事情，您只不过给了孩子一个自己解决问题的机会。最重要的是，您自己也会充满力量、创造性地、充满想象地对待这个过程，轻松地帮助孩子解决他们的新问题，帮助他们在经历的每一步中感受自己的情感。

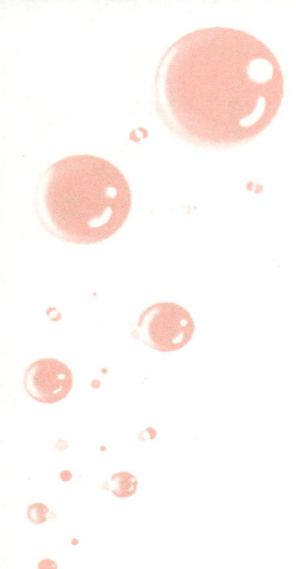

第十二章
极端措施

我们现在来分析一下那些必须采取极端措施，例如冲孩子喊叫、打孩子屁股的情况。每当遇到这种情况妈妈都会眼含泪花，因为我们希望成为世界上最好的妈妈。许多人还记得自己被殴打和惩罚时的糟糕感觉。我们想把孩子在这一刻所经历的恐怖从地球上抹去，希望再也不要发生类似的事情。孩子应该在爱与接纳中成长，获得支持、依靠和充分的安全感。如果孩子生命中最重要的人，即他们的父母让他们感到痛苦和恐惧，这似乎是荒谬而骇人听闻的。不应该这样：和平是在和平中诞生的，这个规律不可能被推翻。

然而，冲孩子喊叫和打孩子屁股在我们的生活中仍然存在。我相信您在生活中肯定使用过类似的育儿策略。所以，您认为自己是个怪物吗？先不要着急定论。

重要的是要将我们的喊叫和巴掌以及孩子可能感到的恐怖分开看。更多的时候，我们会陷入回忆的漩涡，而不是客观地评估现实情况。

"太可怕了！我居然在自己身上发现了母亲的影子。那时的我们过着食不果腹的生活，她经常喝酒，经常对我大喊大叫，家里总是如同噩梦般可怕。我经常处于恐惧中。我还记得，五岁时我躲在桌子下面哭得很厉害，但这并没有阻止她。现在，每当妈妈冲我发脾气时，我也会用同样的方式冲她大吼。我知道不能这样做，但我却无能为力。我和自己的母亲一样可怕，我重复着她的错误，尽管发誓说要和她不一样。

让我们重温一下这个女人的话。您认为其中的矛盾是什么？顺便说一下，这位妈妈有一个可爱的四岁女儿，她聪明、落落大方、非常勇敢和活跃。

妈妈将她内心的小女孩与现实中的女儿进行比较。在她看来（这是一个关键词），女儿遭受的痛苦和她自己遭受的痛苦一样多。当这个女人陷入愤怒时刻，她就会陷入自己悲伤经历的深渊，完全感受不到自己和母亲之间的区别，以及过去和现在之间的区别。

这个女人和她母亲之间唯一的交会点就是喊叫。难道几年来她每天都冲孩子这样大喊大叫吗？难道她也会把女儿赶到桌子底下，让她在那里啜泣吗？难道她也会对女儿一样如此残忍无情吗？不会的。但这个交会点被这个女人的愤怒和她经历的创伤放大了，她觉得自己就是一个真正的怪物，让女儿极度不幸。但是我们看到，她的孩子在这一刻发展得还不错，性格也很勇敢，如果这个女人真的像自己母亲那样残忍地对待自己的女儿，那她的女儿怎么可能是现在的这个样子呢？

如果您感觉您和自己的父母一样，正在做一些可怕的事情，那就环顾一下四周，仔细观察一下您的孩子。其实，他完全没有经历您所经历的恐怖。您可能会犯错，但您不是您的父母。他们，和您不一样，没有阅读过育儿书籍，也没有反思过自己的情感。您注意到了自己生气的情绪，改变了自己，分析了自己的情感，这意味着您肯定不会对自己的孩子释放无意识的愤怒，不会让他感受曾经落在您身上那种痛苦。

这一重要观点将促使我们继续前进，让读者朋友们最终抛开不必要的负罪感。此时，负罪感毫无用处，因为它妨碍了我们的思考。当我们被这种感觉左右时，我们就不会冷静地审视我们行为的前因后果。

在您的生活中，喊叫和打屁股的后果未必严重到会让您的孩子陷入持续的恐惧和孤独中。但如果突然出现这种情况，而且在孩子的行为中您注意到有种种相关迹象（不仅仅是您个人"不好"的感觉和内疚感），那一定要向儿童心理专家和家庭心理医生寻求帮助，这没有什么可怕或有辱尊严的，有时我们的创伤的确很大，会导致我们无法温柔地对待自己的孩子。我们只能看到威胁，哪怕是在孩子身上。正是这种压迫性的、普遍存在的不安全感使我们与孩子为敌，并伤害他们。但是，为时永远不晚。直到生命的最后一刻，我们的命运都掌握在自己手中，我们总是有机会扭转命运，使之更好。

但我想重复的是，99.9%的情况说的都不是您。可能您也根本不会阅读到这个地方，您可能早就放弃了这本书，而且还说了一句："简直是胡说八道！"

现在，我们要去了解一下每一个家庭和每一个妈妈生气时的日常表现。

我想说的一点是，即使有时我们会迁怒他人，那也没关系。今天的妈妈们已经被那些开卷有益的书籍和不同的育儿方法吓坏了，以致于每一次的挫折都必然会引起内心的折磨，而且她们自己还会加剧这种折磨。我知道，有时您会觉得您是在一个劲地责备孩子，但实际上并非如此。仔细观察您与孩子的关系，充满了多少爱和温情啊！如果您不相信我，那您可以找一个日历，把那些"暴风雨"的日子标出来，您就会发现，其实这样的日子并没有那么多。只不过是我们的心理倾向于夸大和概括一切，尤其是当生活不易时。这本日历将帮助您及时地记住，您并不是一个可怕的妈妈，而是一个再普通不过的妈妈：善良、关爱、充满爱心。我们越是不责备自己，就越会更多地密切关注自己的感受，并帮助自己恢复到正常和温存的状态。

迫不得已的反应

在某些情况下，采取极端措施实际上是可以理解的，但这适用于当孩子本人或其周围人的生命和健康受到威胁时。如果您发现孩子处于危险境地，那么您有权做出您所能做出的最不合适的反应。

区分真正的危险情况和您所理解的危险情况是很重要的。还记得互联网上瞬间流行起来的那个有意思的梗吗？爸爸抱着儿子往天上抛着玩，妈妈会怎么看？奶奶会怎么看？现实中会发生什么？当孩子毫无恶意的恶作剧被我们看成是战争和灾难，当意外的划伤被看成是危及生命的伤害时，我们经常就会陷入所谓的奶奶的"陷阱"，这有可能导致可怕的后果：过度保护，增加孩子的焦虑，孩子无法获得个人的经验和正常的发展，因为妈妈将孩子与各种不同的情况隔离开了，并将周围的整个世界视为威胁。大家都很清楚，这种行为具有破坏性，但想要摆脱它并不容易，为这种妈妈提供咨询时必须认真谨慎。一个劲地责备孩子的"危险"行为或者对其不闻不问都是不可取的，要知道这背后实际上隐藏的是个人的脆弱和不稳定感。妈妈的世界也绝不是完全安全的，也有可能让人失去生命和人生中最宝贵的东西，重要的是要完善自我并完善心理上的安全，让孩子相信生活可以是轻松无忧的。

如果对生命的威胁的确存在且非常明显，那就另当别论了。此时我建议您自己问自己一个问题："这种情况是否不停在发生还是希望这种情况再也不要出现？"根据回答，可以将情况分成两类并作出相应反应。

第一类：不断重复出现的高风险情况，例如打开的窗户、尖锐的物体、加热的物体表面、开水、街上的汽车、陌生的地方等。每次都会急得抓耳挠腮，并因为孩子违规而斥责孩子，心里会想："这还得重复多少次啊？！"这并不是解决问题的好策略。让我来给您讲述一个发生在我曾经工作过的莫斯科幼儿园的小故事。

幼儿园是一个特别容易受伤的地方，为了让孩子们能够健康成长，活力满满，幼儿园老师们的神经总是紧绷着。有一天，在我们这个现代化的幼儿园里，一向表现出色的老师们开始状况不断：一个小组的一个小男孩摔倒了，头上撞个包；另一个小组的一个孩子在外面摔断了腿，第三组、第四组、第五组，反复循环……每天都有孩子受伤。当然，开会时我们专门讨论了这个话题。老师们寝食难安。所有的注意事项和原则被反复讨论，老师们全神贯注地注视着孩子们，但类似的情况却仍时有发生。直到后来想出了一个巧妙的解决方案，即将所有的注意事项都以区域划分，然后写下来。接下来所有老师都针对自己小组的孩子这样去做了，改进效果立竿见影，几年后，借助过去的经验，在向个别家庭提供心理咨询时，我与家长一起想办法使这一体系形成了平稳而可靠的工作机制。

　　具体思路如下。将所有注意事项集中到一个列表中，然后按区域进行划分。例如，在厨房里：禁止拿刀，禁止玩电磁炉，禁止用手碰开水。在街上：禁止跑到路上，禁止扔石头，禁止和陌生人说话。重要的是，要让孩子自己参与创建和帮忙设计。可以制作成漂亮的海报，用颜料画一些画或从杂志上剪一些拼贴画。孩子会有参与感并将这件事情当做自己的创作，这对培养责任感有非常积极的作用。然后将海报挂在显眼的地方，每次在做什么事情之前，例如散步之前，一定要认真阅读相关区域的注意事项。

孩子对正面反馈的反应比对负面反馈的反应要好得多。因此，每次出门前提醒他们遵守注意事项；回到家后指出，他们成功地遵守了哪些注意事项。这样就能帮助孩子记住注意事项，并使其成为孩子日常生活中的固有组成部分。一味指责孩子违反规则，不仅影响自己的情绪，也不会在孩子头脑中建立起稳固的认知。

您有没有尝试给自己培养一个习惯呢？原则是一样的。如果每次都责备自己做得不好，那您将最终一无所获，还会产生一种徒劳无益的感觉，会对自己深感不满。但若是可以换一种方法，那效果就完全不同了：每天鼓励自己，为自己的成就感到自豪。如果您想让孩子记住这些注意事项并使之成为他们生活的一部分，对其正确定位是非常重要的。

您的孩子所处的第二种情况，很遗憾，可能是您始料不及的。它们之所以没有办法被写进注意事项，是因为它们的不可预测性。任何紧急情况（它们不发生更好）都属于这一类。在这种情况下您有权利做您认为必须要做的任何事情，您可以冲孩子喊叫、责骂他、哭泣、抓起孩子、马上逃跑，您想干什么就干什么。在危险的时候，我们的头脑将控制权交给了更深层的大脑结构，它本能地调控我们的身体和大脑，比起受过教育和训练的大脑能更快、更正确地做出反应。只要相信您自己那略带动物本能的部分，您就会以正确的方式处理好所有事情。

但是，我还是想重申一下自己的观点，重要的是不要混淆。一起回想一下爸爸向天上抛孩子玩耍的有趣画面，思考一下注意事项，然后再发作。

一位妈妈向我讲述了孩子在别墅散步时差点掉进河里的故事。注意事项事先就已经说好了，但谁也没有料到，河面木桥上的木板在整个冬天过后会变得如此腐烂不堪，以致于非常不安全。孩子并没有在意妈妈的预先警告，他非常想拔一棵芦苇。他脚一滑，滑到了木板上。虽然最终没出什么意外，但男孩却被惊恐的妈妈狠狠地骂了一顿。妈妈腾一下把他拽到地上，恨恨地收拾了他一顿，明确地表达了自己的不满。儿子哭了，他感到非常内疚。这位妈妈做得对吗？当然，当然是对的。在这种时刻，良好的教养方式会退居幕后，您需要清楚地、感性地表达您对这种玩耍行为的态度。但是，当您冷静下来时，请回忆一下四步法，毕竟，孩子并不是故意的，他自己也感到非常害怕，现在他需要您的帮助。您要和他谈论一下他的心情，并表示同情，尽量不要说教，也不要夸大他由于不小心行为而可能造成的可怕后果，就只是待在他身边，和他讨论他的情况。然后最好等到下次谈及安全问题时再来具体讨论，再研究一下在别墅玩耍时的注意事项。

让自己停下来的办法

总是有一些时候需要停下来。您已经了解了内心的"恶龙"，也知道了自己愤怒的原因和它可能意味着什么，您已经分析了您内心的父母和孩子，已经掌握了四步法，您已经写下了所有可能的注意事项，您也有了足够的耐心，但没有想到自己调皮的孩子会将您那件新的奶油色貂皮大衣涂成绿色，您被光速击倒了。是的，是您自己忘记把绿色的颜料放回原位了。那个冲您微笑的小恶魔正是您在这个世界上最喜欢的儿子，而这件貂皮大衣是您的梦想。在这一刻，您的整个生命失去了意义，您不可能不觉得委屈。您现在已经准备好把您的孩子塞进一个麻袋，然后把他交给神经更完整、更坚强的人。

您冲孩子大喊大叫，收起了绿色的颜料，宣泄着心里积累的怨气，您抓着孩子的肩膀，打了孩子。之后您可能会后悔，但现在已经无法阻挡这粗暴的行为和控诉了，因为已经"雪崩"了。

我们应当怎么做呢？

在生活中预防更为重要，我相信假以时日，您就会明白自己的禅宗，借助这本书的建议，您也会明白，生活中很少有情况能真正让我们生气。当您内心的小女孩舒适地依偎在您关爱的怀抱中时，您就不会以这样的速度和方式失控了。当然，貂皮大衣很漂亮，您的反应也合理，您生气并向孩子表达您的不满是绝对正确的，但它真的值得发这么大的脾气吗？当然，不值得。或许，有一半的话是可以不用说的，也不一定非要打孩子屁股。只不过因为您气得浑身发抖，因为愤怒而紧咬牙关，您想消灭一切和乱扔一切。

我告诉您几个快速技巧，对待它们就像对待牙痛片一样，它可能一点用都没有，但治疗牙齿总是比镶新牙更安全、更便宜。

1. 走下"父母至上"的神坛

这是我最喜欢和最简单的方法。当我们开始对孩子大喊大叫时，我们会感到正义的愤怒、权威、威力、激烈的愤慨和真理的胜利（恶魔般的笑声响起）。但后来脑袋撞上了天花板，就会发现，面对一个三岁的孩子，这一切至少可以说是毫无意义的。一个发人深思的问题："刚才究竟发生了什么？"然后我们去道歉。

我建议您在一开始就停止"家长至上"的想法，不要成为一个负面的迪斯尼卡通人物,要做到这一点,必须坐下来。坐在地板上,最好是蹲着,这样您就会和孩子处于同一水平线上,以这样的姿势喊叫势必非常困难。就像歌剧演员需要站好才能感觉到支撑点一样。想要生气,您也需要足够的空气加速度和空气柱。当您蹲着的时候,就避免了这种可能性,但却开启了另一种可能性,即进入到了您本能的婴儿状态。我们很难想象雪女王会蹲着向凯和格尔达告状,但我们很容易想象,处于相同位置的孩子们会相互笑着聊天。

顺便说一下关于道歉的问题。在您不当地伤害了孩子后,道歉是很重要的,但更重要的是不要画蛇添足。请冷静地道歉,向孩子解释您和他在争吵时您的感受和他的感受,告诉孩子您对发生的事情感到非常抱歉,但您不需要把自己全部的内疚倾倒给孩子,因为妈妈能承受的肯定比孩子更多。

2. 数到十

这是一个众所周知的方法,但鲜有帮助。但是,您可以像伟大的电影导演费德里科·费里尼那样去完善它。费德里科·费里尼让演员在意义深远的宏大计划中计算一下37乘以89,演员们深锁眉头,一脸沉思。您可以尝试在强烈而毫无理由的愤怒中，从 985 数到 934，或者用 521 减去 377。

开始时很困难，但如果您这样做了，那您就会去回忆您整个高中代数的课程，而不是冲动地对自己的孩子喊叫了。

3."警报箱"

这是我最喜欢的另一个方法，不仅仅可以用于摆脱愤怒情绪，在摆脱悲伤和忧郁情绪时也有效。我将其称作"警报箱"，您也可以给它起一个您自己喜欢的名字，比如说"奶奶的小竹筐"或"妈妈的小篮子"，以自己感觉亲切的为准。

请将那些让您感觉良好和感觉温暖的东西都装进这个小箱子里：让丈夫在漂亮的纸上写下您觉得最甜蜜和最深情的话；心爱的奶奶的照片；您女朋友二年级时送给您的那个健达奇趣蛋玩具；截图打印的那些告诉您重大好消息的短信；孩子为您画的最感人的图画……把所有这些"宝贝"都放在一个地方，当您准备要发火时，请打开这个神奇的箱子，翻阅一下里面的宝贝，持续 5 分钟，您肯定就不会生气了。

4. 代码和拥抱

抚摸会带来不错的效果。如果您可以冲着家里大喊"救命！"，而且知道丈夫会在一秒内跑过来，送上一个拥抱、说一句温情的话语并递上一杯红酒，那您的生活简直太美好了。如果没有，那就从今天起请您的丈夫这样做。你们只需要约定好，如果当您喊出提前约定好的那个词语时，那就意味着，无需多问，马上救援，否则灾难就会发生，丈夫将会失去妻子和孩子。这不应该是一个普通的请求或羞怯的暗示，要让它成为一个非常明确的、每个人都能理解的词语。此外，还要清楚地说明您需要的一连串事先说好的抚慰人心的行为。例如，一边嘴上说"马上来帮忙，亲爱的宝贝！"，一边拥抱、抚摸、亲吻您，然后把孩子抱走，让您单独待十分钟。

如果老公不在身边，那您就得自己这样做。您可以使用同样的代码并自己抚摸自己。请用计时器设置至少五分钟的时间（少则无效）并抚摸您的手和脚，说之前约定好的那些深情的话语。抚摸2—3分钟后，您也可以轻轻地拍打自己的身体。这时身体将开始释放雌性激素，它会让您有种被保护的感觉和安心感。

5. 支持信

在您心情不错，觉得一切都很好，生活很顺利的时刻给自己写一封信。用一支普通的笔和一张普通的纸就好。

把这封信写给那个对自己失去力量和信心、忘记幸福、不知道下一步该怎么做的小女孩。请告诉她，您爱她，爱那个不幸福的她。您希望她好，您总是需要她，您关心她。请使用上述我教您的那些语言，给您内心的小女孩写一封信，向她表达您所有的爱，用温暖和自信的语言描述她周围的一切。请告诉她，她有一个优秀的孩子和一个忠诚的丈夫；她非常喜欢自己舒适的家；她知道如何让自己感觉良好，知道如何支持自己。请从一个支持型父母的角度来写这封信，并提醒她，她并不孤单，您一直在她身边。

然后把信放进信封，喷上您最喜欢的香水，在里面放上几片花瓣或一张漂亮的卡片，当您感觉无法忍受的时候，就请把它拿出来大声地朗读。一定要大声朗读，三分钟后会达到惊人的效果。

如果您还知道其他的方法，那就将它们一并写在纸上，放在一个显眼的地方。这些方法确实可以拯救很多状况，问题是我们并不总是会想起它们。当您时不时去重温这封信时，在某个神奇的时刻，您的大脑就会使用新的方法来安抚您发疯的身体，这也许将是您和孩子全新的和平生活的开始。

将损失降到最小

那么，我们如何表达我们的愤怒情绪，既能让孩子接触到它，但同时又不会受到伤害呢？这并不是一项容易的任务。我们应该非常清楚地了解正在发生的事情。在一个理想的世界里，孩子只有真正让您生气时才应该去面对您的生气情绪。无论是您目前的状态，还是过去的幻影，亦或是现在的复杂情况，都不应该影响您和孩子的关系。从另一方面而言，孩子是未来的成年人，他将与不同的人在不同的状态下互动。

我们一起来看一个例子。

一位妈妈在彻夜失眠之后，又累又饿，想喝茶，想安安静静地吃顿早餐。她只需要大约10分钟的安静时间，但孩子却一个劲地喊妈妈。妈妈指着厨房的规则说，喝茶的时候不能找妈妈，不应该去打扰妈妈。妈妈提醒了他们之间的约定。孩子随即沉默不语，但马上又开始继续打扰妈妈。妈妈实在无法忍受，大发雷霆，冲孩子大喊："请让我自己待会儿。"

她这样做，对吗？

1. 不对，因为她没有睡好，她自己感觉不舒服并不是孩子的错，孩子只不过想让妈妈看一看他用乐高新搭建的城市，因此她生气是没有道理的。

2. 对，因为妈妈也是一个人。孩子应该明白，应该让疲惫的妈妈放松一下，最好能按照妈妈的意愿稍作等待。

您同意哪一个观点？

实际上两个观点都正确。更准确地说，这里并没有错误的观点，因为在这两种模式下妈妈的行为都会产生积极的结果。如果妈妈保持沉默，不去表达她生气的情绪，她就能在孩子面前保持她积极安全的形象，这当然是件好事，但是，如果她爆发了，她也向孩子展示了，首先，保护自己的底线是多么重要；其次，她也教会孩子把握如何获得了解他人状况的经验，这同样非常重要！即使是一个孩子，他也应该明白，如果在错误的时间接近别人，可能根本得不到想要的反应。重要的是要了解对方的底线并尊重对方想要独处的愿望。在进行任何形式的沟通之前都应该清楚对方的情绪状态。

这里有两个决定性的因素：频率和年龄。孩子越小，妈妈发火的频率就应该越少，因为小孩子对此还没有做好准备。但是大一点的孩子是能够面对妈妈的这种自然的人类反应。当然，愤怒和生气并不是妈妈用于表达的唯一反应。

"黄金"选择是将这两种模式结合起来，下面我将告

第四部分　生气是孩子发展的推动力

诉您如何做到这一点。

借助四步法是可以解释他人发生了什么。当您帮助自己的孩子分析了孩子的感受时，您就发展了他们的情感智力。当您和孩子谈论世界上发生的事情，谈论爸爸妈妈、爷爷奶奶、街上的阿姨以及你们一起看的电影中的主人公时，也会起到同样的作用。

当您被情感冲昏头脑，无能为力去应对它们时，一定要在情感热度消退后再向孩子解释刚才发生的事情，这样您就可以把负面后果降到最低。

让我们再回到上面的例子：

"亲爱的宝贝，妈妈刚才对你大喊大叫是因为妈妈很生气。妈妈很累，需要一个人安静地待几分钟，但这并不是说你做错了什么。要知道你只不过是想让妈妈看看你搭建的漂亮的房子，但其他人也不可能总是马上能回应你的愿望啊。妈妈表示赞同，这会让人心里特别不舒服。妈妈没有马上看你搭建的房子并为你感到高兴，所以你很难过。你想让妈妈立即看一看，妈妈理解你，但是很抱歉，妈妈也不能总是这样。这次我们的看法不一致，这很正常，这样的事情总会发生。妈妈很累，想一个人待着，而你却想和妈妈一起分享你的成就。那就让我们说好，下次妈妈尽量不冲你大喊大叫，我会心平气和地向你解释我的情况，你也倾听一下妈妈的心情和请求，你也可以稍微等待一下。"

在这样的对话中，下列原则是决定性的：

- 请用自我称述取代所有的指责。用"我累了，我需要自己一个人待一会儿"取代"你就不能等等吗？"。重要的是不要指责，而只是解释您的情感和愿望。

- 请保持一个中立、友好的姿态。您已经大喊大叫过了，宣泄了心中的恶气，也展示了您内心"恶龙"喷火时的荣耀。现在您需要冷静地、温和地向孩子解释发生了什么。

- 请交替解释自己和孩子的情感。这条原则始终奏效，因为知道有人倾听和理解自己对任何一个人而言都很重要。您生气，而孩子想让您看一个他新杰作，他对您不能马上回应自己而感到难受。你们俩都是对的。任何交流都需要两个人和两个巨大的情感体验世界。如果您能学会在这个过程中考虑两个人的情感并密切关注每个人的感受，那就再好不过了。

- 请不要滥用道歉。这只会让孩子"消化不良"：他首先需要面对您的生气，然后又是您的愧疚。如果有必要，那就温和平静地请求原谅，重要的是，要解释您经历的情感。

● 请提供解决问题的出路和方法。团结一致解决问题，而不是把问题摆在你们中间。"宝贝，让我们想一想，如果下次遇到这种情况，用什么办法更好呢？"可能会面临大量的选择，孩子能提供给您的解决方案的数量也会让您惊讶不已（最早从3或4岁开始就可以为您提供解决方案了）。您也可以使用计时器设定一段时间，这样孩子等待起来更容易；或者他也会有一个类似"救命"的紧急词汇，让他有权力在真正需要的时刻立即呼叫妈妈；或者您还可以让他把手轻轻地放在您的膝盖上，但不会让您分心，这样您就可以安静地喝茶，等您结束一切再去欣赏他的创作。

上述方法不仅可以用于您冲孩子喊叫、打孩子屁股或采取其他合理（或不合理）的极端措施的情况下。借助上述对话，您可以向孩子解释他不能理解的任何社会状况，例如，和丈夫发生争执，工作中发生的一些事情，感觉不舒服，心绪不佳，发生的一些可怕或悲惨的事情，在街头目睹的一些不寻常的状况，被店员责骂等等。

特别强调一下：向孩子解释发生了什么非常重要！请记住，只有当您拥有生活经验时，它们能够正确解释各种状况和他人的心情，而您的孩子没有这种能力。只有在您的帮助下，他才能明白发生了什么并学会理解其他人的情感和行为。

最后，如果发生这种情况，您仍然会冲着孩子大喊大叫和动手打孩子怎么办？这一点真是太奇怪了，不是吗？当我在写这个点时，我感觉怪怪的，因为我们都很清楚，不能这样做。而且我们也都知道，这种情况时有发生。我不是第一次强调，如果您知道如何支持自己（本书第一部分），如果您已经了解了您内心的"恶龙"，并学会了识别它们以及与它们正确互动（本书第二部分），如果您知道如何与自己的孩子正确互动（本书第三部分），那您可能就不太会需要这一点。但我们都是人，无论我们如何努力，它都会发生在我们每个人身上。

让我们来做个约定：虽然我写下了这个点，但每次只要您遇到它，就请您重读一下这本书。

此时我真的很想投以温暖的微笑，支持那些正在阅读这些行文的人。做妈妈并不容易，难道不是吗？但我相信每个人，我知道您肯定会成功。您已经跨越了漫长的征程，为您的宝宝和您的家庭做了很多，的确如此。即使我们犯了错误，也请相信，这没什么大不了的。只有在有关蜂蜜和沥青的谚语中，才会发生轰然倒塌的事情，在我们这里是不会这样的。当您给予了孩子巨大的爱，希望给孩子最好的一切时，小小的失误不会造成让我们都担心的那种可怕伤害。"丽达，我没有毁坏孩子的心理，对吧？"当然不会的。如果您能提出这样的问题，那说明您不会有问题。

"丽达，这让我如鲠在喉，难以应付。我咬紧牙关，我真想撕碎看到的一切。我感觉自己变成了一个泼妇。我想毁掉一切，扔掉一切。我的胳膊、脖子、肚子……所有的一切都变得紧张。我的一部分意识告诉我，我面前是一个三岁的小女孩，我所做的一切是可怕的，但我却停不下来。我冲她大喊大叫，我颤抖着，嚎啕大哭。我觉得很不好意思写下这些，请帮助我！"

如果您认为这是某个丧失心智的女人写的，那您就错了。这是一个普通妈妈写的，她的处境和内心的情绪让她完全无能为力了，因此她爆发了，而女儿成了无辜的旁观者，受到了沉重的打击。正如我所说的，这并非灾难或死亡。我相信很多人都想训斥这位妈妈或暗暗发誓，自己永远不会这样做。

但几乎每个人在生活中至少都有过一次类似的情况和类似的情感。承认这一点的确让人感到很羞愧，但这是一个事实。我收到过很多这样的信息，我知道自己在说什么。我们的目的不是谴责别人或让别人觉得恐怖，而是要搞清楚，可以做什么。

如果您发现自己已经处于这种状态，请赶紧尝试下列做法：

- 请"捕捉"自己的感受！您的感受是什么？您哪里感觉最紧张，是胳膊、腿还是脸？尝试捕捉这种感受并描述它，哪怕就说几句话，但至少可以稍微拖延一下时间，让您的理智回归到您的身体里，回到它应该回归的地方。

- 请聆听自己的呼吸！如果您能深深呼吸四到五次，那就太好了。

- 请喝几口凉水！

- 请打开窗户深呼吸！请仔细观察天空、天气和路人！请想想现在的温度是多少或现在几点了。

- 请环顾一下四周并数出十样物品！请仔细观察它们的细节，例如，这是冰箱，上面贴着来自布拉格和叶卡捷琳堡的冰箱贴；这是厨房的桌子，用清洁剂擦拭台面会很好；这是抽油烟机，太好了，上周我们把它洗干净了，等等。这是让自己的意识返回现实的非常有效的一种方法。

- 请大声咆哮吧！如果您想大喊大叫，而且您明白这已经发生了，那最好用非语言信息去代替语言信息。孩子不仅害怕，而且还会听到您所说的一切（您说了那么多以后会后悔的话！）。您可以咆哮、尖叫、鼓颔……这看起来很奇怪，也很可怕，但它会让您得以宣泄，而且孩子还

第四部分　生气是孩子发展的推动力

将免受可怕的语言指责。

● 请跳跃、捶打枕头、蹲下、在家里走来走去！这样做可以帮助您打消动手的欲望，避免与孩子近距离接触。赶紧开始洗衣服、拖地或熨衣物……干这些事情也会对您有所帮助。

● 如果您有动手的欲望并想立即敲打或按压某物，请将您的手放在桌子上，手掌朝下，用力伸开手掌。您还可以把手放进水里，给他们洗个澡。请使用香味浓郁的香皂，让刺鼻的气味将您拉回现实。冲洗泡沫也将为您赢得更多的时间。您还可以感受一下香薰：将一小瓶薰衣草或桉树油放在容易接近的地方。

● 如果所有方法都不奏效，您已经在收拾您的孩子了，请尝试就此打住。晃、推、扯、拉的行为比打人要好得多。打孩子一巴掌总比结实地痛打孩子要好。如果您发现手中有多余的物品，请立即将其收起来，即使您只是想威胁一下孩子，挥舞一下当时手中的东西，也请您将它收起来。一旦情绪上来时，手中的任何物品（毛巾、布、皮带）很少不会被使用，所以您要尽快摆脱这些东西，永远不要用手中的危险物品来打孩子。

我还将介绍一种方法，它不一定总是奏效，也不一定对每个人都奏效，但如果您能照做，那它将成为您最喜欢的一种冷却感情的方法。

在激烈的争吵中，当情绪几乎无法控制时，请认真地看一看孩子的脸。他现在看起来怎么样，他的感觉如何？通常在这种情况下，孩子的脸不会让您有一种温暖的感觉，相反，它只会激发您的愤怒。但请想象一下，您看到的不是自己孩子的脸，而是一个同龄的自己。您看起来怎么样？您（准确地说是您内心的小女孩）现在的感觉如何？她会怎么看您，这么大了还在大喊大叫？小女孩想要什么？

您难道还想打自己吗？您会明白，这个女孩比以往任何时候都更需要您的支持。您会从她的尖叫声中感受到她有多么的害怕，您也能感受到您温柔的抚摸对她有多么重要。这会让您真正同情自己和自己的孩子，并回到现实。您不再是泼妇或愤怒的恶龙，您只是待在心爱的孩子身边的一位疲惫的妈妈。有可能，这之后您内心里会充满同情，问题也会很容易地被解决。

之后要做什么呢？我想，您已经知道了：向您的孩子解释所发生的事情并尽量减少情绪爆发产生的恶果。

请一定要关注您内心的小女孩。她刚刚生气了，她爆发了，现在已经完全精疲力尽。您会做什么？您会责备自己是一个呵斥孩子、冲孩子吼叫、打孩子、令人讨厌的可怕母亲呢，还是会怜悯和抚慰您内心的伤口并去拥抱自己内心疲惫的小女孩呢？我们已经说好了，如果您遇到这个问题，您要重读这本书。请这样做并正确地回答我提出的问题。

结　论

我希望我最终向您证明了生气的重要性。这是一种伟大的情感，其中包含丰富的内容和表达方式，它对我们生活的影响就像燃料对汽车的影响一样，它可以提供能量和动力，但是如果处理不慎就会引起爆炸。

世界各地的心理治疗师在为儿童和成人进行治疗时，总是会评估其敌意的程度以及它的表达方式。敌意的特点向我们表明了个体的发展水平和内心冲突的特点。通过研究生气，我们可以看到一个人精神方面的个体情况，并可以识别其隐藏的情感。

我相信，现代心理学有助于人们加深对人类心理的理解，现在流行黑与白、明确的好与坏。我们明白，人类的每一种表现：感觉、情感、思想，都是多方面的，可能有不同的含义。越来越多的妈妈允许自己的孩子生气并公开表达自己的情感，而并没有将其看作是需要立即摆脱的消极行为。我们尽量不要忽视孩子出现的情感，要帮助他们找到最合适的表达方式。

我们已经讨论了可以使用哪些语言和采取什么样的行动来陪伴孩子的情感，我们仔细观察了自己的内心世界，学会了如何把控它。我们明白了，了解和信任自己的情感是多么重要。

还有最后一个重要话题留给我们：预防。我们可以意识到自己的生气情绪，并能以正确的方式让孩子认识它们，但有时我们只需要打开盖子，让多余的蒸汽排出。为了和孩子过上最舒适和轻松的生活，应该定期去做这件事情而且要满怀欣喜。

第五部分

创造力是暴力的对立面

第十三章
情感的无害表达

成人有许多方法用于缓解关系中的紧张，其中有些是正确和健康的，而有些最好能避免，但所有的方法都有其目的。您可以和丈夫一起看电影、讨论电影、谈论政治、制造家庭纠纷，一起约朋友出去玩，一起旅行、喝酒、散步、看电影……由于众所周知的原因，在与孩子的关系中，上述方法我们用的要少很多。我们将讨论主要的方法，即一起玩耍和进行创造。

俄罗斯心理学家维果茨基提出了主导活动的概念：学龄前阶段游戏决定了儿童的发展。通过游戏，儿童了解世界并为成人生活做准备，游戏过程是儿童智力和情感发展的基础。

游戏是人类创造力衍生出的第一个行为,我想阐述一下为什么它与暴力相对立。

您能想象犯严重罪行的孩子很幸福吗?我不能。

如果您还记得我在第四章中谈到的一个人的不同自我状态,现在就请试着仔细分析下面这两对孩子与父母:自由的孩子和支持性的父母以及适应性的孩子和批评性的父母。在哪一对中可能有游戏存在?在哪一对中可能有暴力存在?在哪一对中有创造空间存在?在哪一对中有大喊大叫和持续不断的不满存在?

当然,只有我们内心的自由的孩子才会具有创造力,才会游戏。反过来亦如此:游戏和创造力滋养并支持我们,使我们内心的孩子得到了自由。

创造力打开了合理表达情感的途径。在现实生活中,想要顺利实现它却并不那么容易:请试着寻找一种方法向自己所爱的人表达您的生气情绪,但却不伤害他,也不伤害自己。但这并不意味着不生气。妈妈有理由怨恨自己的孩子(我们一起回想一下本书的第二部分),而孩子也积攒了很多对父母生气的理由。

四步法有助于承认孩子的情感并将它们说出来,但在游戏中,则有机会以可接受的方式表达自己的敌意,从而发泄情绪,无论是对孩子,还是对父母,都是一样的。

可能,从逻辑的角度而言,孩子的情感并不严肃,但他们的情感并不会因此而变少。妈妈不让看动画片、需要遵守规则、要刷牙、不能满足自己的每一个愿望、妈妈要去忙自己的事情、需要承担责任……有很多情况,孩子都需要面对自己的负面情感。我们学会讨论这些情感还远远不够,应当有一个渠道可以让关系中的紧张因素得以释放,而游戏就是一个很好的方法。

在创造性过程中,无论是孩子,还是父母,都可以展示其最真实的部分,即学会感受和真诚地回应世界的信号。在这个领域,我们要不惧展示自己的阴暗面和"不雅"面,这会让我们有一种自由感和解脱感。

一起玩耍和创造的过程中还埋藏着一个无价之宝。

随着孩子年龄的增长,不知为何,我们越来越难有时间和机会与他们进行生动的情感互动。更多的时候,我们面对的都是日常谈话、要求他们遵守制度和讨论家庭作业,而似乎只有吵架才能体现我们的精力是那么充沛,生活的色调是那么明亮,正因为如此,不可避免地,我们有时会发生争执。我们多么需要联系啊!尤其是这种亲密、生动、充满情感的联系。

"山中无老虎,猴子称霸王。"所以无论是孩子,还是父母，都会利用一切机会去感受这种生动而本能的互动，即使这种互动是以责骂和喊叫为基础。

如果我们能找到一种方法可以让我们切身感受我们的情感，而不仅仅只局限于消极情感，那我们就可以恢复平衡。一起游戏很容易为这种机会打开大门。

当您阅读这本书的最后几章时，您一定要让您内心的小女孩参与其中。如果没有她，就算是一个成熟的、有丰富阅历的妈妈，也会在下列游戏中"触礁"。让小女孩选择自己想玩的游戏吧，让她自己来做这件事。

通过游戏释放紧张并向孩子展示所有积累的各种情感对于成年人而言是非常有用的。在现实中要使冲孩子发火的理由越来越少，因为我们的内心世界根本没有足够的空间去容纳所有的这些情感。

第十四章
防止敌意的游戏

"饼"游戏

这个游戏是由德国著名心理治疗师冈特·霍恩发明的。您可以在互联网上看到它的经典版本,而改编版本则可以在商店里买到,作者是E·海灵格。我想与您分享我的修改版本。

当我第一次听说这个游戏时,我印象非常深刻,于是我为当时接受治疗的孩子的妈妈们组织了第一次小型研讨会。我认为,所有人都应该知道这个游戏。如果父母每周至少和他们的孩子玩一次这个游戏,其整个家庭就会避免很多关系方面的问题。自那时以后的很多年里,我尝试在儿童团体和个人课程中使用这个游戏的不同版本。我和家长们一起发明并增加了越来越多的筹码,使游戏能够适用于特定的症状,以帮助处理实际问题。如今,我可以更坚定地说,它非常有效。

该游戏可供五岁以上儿童使用,但我和一些妈妈一起想了办法,让更小的孩子参与进来(母亲可以替自己,也可以替年幼的孩子一起玩)。该游戏对子女关系紧张的家庭而言尤为重要,它可以帮助大孩子应对弟弟妹妹出生所带来的生气情绪和嫉妒情绪。

现在我来介绍一下规则,不要担心,非常简单,很容易掌握。

必要的道具

游戏场地,橡皮泥,游戏骰子,30分钟自由时间。

准备工作

首先,您需要准备一个场地。您可以每次重新制作,但我建议提前用一张A3大小的纸画好,然后把它裱起来。在一张白纸上,画一个简单的图:一个接一个的方格子,标明起点和终点。我尽量不会把这个场地做得很大,这样，游戏时间就不会持续太长时间。可以根据游戏参与者的通常数量和他的投入程度确定适合自己的尺寸。

接下来您需要给参与者分配颜色。假设有两个玩家：妈妈和儿子，儿子可以选择红色，而妈妈可以选择绿色。这意味着您要在场地上逐一标记红色格子和绿色格子。我通常会借助小块的橡皮泥来完成。如果场地是压膜的，橡皮泥就很容易被粘住和剥落。之后，每个人用橡皮泥捏一个属于自己颜色的玩偶，例如，儿子可以做一只红色的小猫，妈妈可以做一只绿色的小鸭子。将这些玩偶摆放在起点，前面是一排红绿交替的方格（红、绿、红、绿……），游戏可以开始了。

如果有更多的参与者，那就再增加颜色。当爸爸加入游戏时，他可以选择蓝色，于是场内将包含三种颜色的方格：红、绿、蓝、红、绿、蓝……

这样，每个人就确定了一个角色和他的方格：红色方格是红色小猫的，绿色方格是绿色小鸭子的，蓝色方格是蓝色小狗的。

游戏分为两部分，我建议每部分用时 15 分钟左右。

游戏进程。第一阶段

我们一起来看一下双人游戏。谁先走，谁就先投掷骰子。根据掷骰子的结果，决定将进入自己的格子还是别人的格子。我们假设，孩子第一个掷骰子，他的红色小猫进入您的绿色方格。

格子的主人（您）必须想出一个和现实生活并不相关的指控。有些父母想在这个游戏中加入训诫性的内容，这是不对的，所以要避免类似关于碗没洗、玩具摆放不整齐和其他家庭情况的描述。

格子的主人：

"小猫咪，你到我家，把我家菜园子里的小畦都弄坏了！"

成年人常常会用质疑的语气来表述："你为什么打碎我的花瓶？"或"你为什么弄坏我的车？"最好是简单的事实陈述，以肯定的方式传达指责的内容。

作为回应，格子的客人应该道歉并以某种方式解释自己的行为。他可以为自己的行为辩解，或者相反，用挑衅的方式为自己的行为辩护。

格子的客人（您的孩子）回应说：

"小鸭子，对不起！我在这里跑着玩，没有注意到把您菜园的小畦弄坏了。"

格子的主人回答说：

"是的，你弄坏了我菜园的小畦，虽然是不小心弄坏的，但我非常难过，我不能原谅你。"

然后，游戏中最有趣的行为发生了：格子主人要"惩罚"客人。他可能会掰下他玩偶的一只耳朵，或者把它变成一个"饼"。客人的玩偶只有回到自己格子才能恢复原状。

每个孩子对游戏的反应都不同。有些孩子很容易就提出了指控，然后就把他伙伴的玩偶弄坏了，他全心全意地享受这个过程。您会发现，在游戏中，很多紧张的情绪会被释放。这是很有趣的。在游戏中，您可以充分发挥您的想象力去指责并编造整套瞎话，轻松地表现出正常生活中被禁止的敌意，充分发泄愤怒，这就是游戏想要的结果。但有些孩子会遇到一些问题。

有些孩子很难提出指控，这并不是因为他们缺乏想象力，而是因为他们难以用语言表达他们的感受，不会表达他们复杂的情感和委屈的经历；有些孩子很难把别人的玩偶弄坏，他们会避免这样做，或者做得非常形式化，并没有把对方的玩偶变成"饼"，只是轻轻地压一下。通常，这说明，他们在表现敌意时存在困难，由于某种原因，当表现出敌意时，他们觉得缺乏安全感；还有些孩子，当他们的玩偶被弄坏时，他们难以忍受，会很难过和生气。

在上述情况中，重要的是，父母要陪伴在孩子身边，谨慎地鼓励孩子自由行动，轻松表达自己的情感。请首先

第五部分　创造力是暴力的对立面

尝试以身作则,和丈夫一起玩耍并向孩子展示所发生事情的安全性。

相反,有些孩子表现得很冲动,当别人进入他们的格子后,还没来得及说什么,玩偶就已经变成了"饼"。此时,让孩子慢下来并提醒他注意游戏规则是重要的。对话的发起也不是徒劳无益的,即使是在游戏的情况下,也要把敌意控制在一定范围内,所以首先是指责,然后是请求原谅,最后才是采取行动。

变成"饼"后,客人仍然躺在该方格,轮到下一个玩家。绿色的小鸭子(您)现在掷骰子,如果您进到自己的格子,那什么都不会发生,但如果您进入到红色小猫的格子,就会重复同样的对话。我们再玩一次,以确保您完全理解规则。

格子的主人(您的孩子):

"小鸭子,你来我家吃了我的馅饼!"

格子的客人(您):

"小猫咪,对不起,我太饿了,没忍住。"

格子的主人:

"是的,我也想吃这个饼,所以我…(举起手将鸭子变成"饼"。)"

轮到孩子了。他把自己的"饼",也就是之前的红色小猫，从您的格子上抠下来，继续走。如果他进入自己的格子，他就可以恢复原状，然后轮到您了。如果他进入到了您的格子，那还得维持"饼"的形状。

游戏在格子"终点"结束。在这个游戏中我不会判定谁赢谁输，但在结束时我会说，只能用完整的玩偶来结束这个游戏，所以建议在最后几步原谅您的客人。

之后，玩偶被放回到起点，每个人都整装待发，开始游戏的第二阶段。

原版游戏中没有这一环节，这是我自己编的，这样退出游戏会更温和，过程也会更完整。如果第一部分做得非常正确，孩子们看起来很兴奋，也很满意，释放了内心的紧张情绪，那他们一定想用一些温暖和善良的东西填补腾出来的空间，因此我建议进入游戏的第二个阶段。

游戏进程。第二阶段。

第一个玩家（红色小猫）再次掷出骰子，假设，它进到了第二个玩家的绿色格子。

格子的主人（您，绿色的小鸭子）：

"小猫咪，你到我家来给我的花浇水了啊！太感谢你了！没有你，他们就会枯萎了！"

格子的客人（孩子，红色的小猫）：

"是的，小鸭子，我路过，看到了你的花都耷拉着脑袋，我想照顾一下它们。"

格子的主人：

"谢谢您，小猫咪。为了感谢你，我想送给你一个礼物……（捏了一个礼物并递上）"

正如您所见，游戏的模式完全相同，但内容却发生了变化。如果在游戏的第一部分您表现出来的是敌意，那么在第二部分您表现的则是感激之情。您要想出一个与现实生活并不相关的事况，并表达感谢。格子的客人解释了自己的行为，在最后一步，格子的主人想出了礼物并赠送给对方。我一直想让孩子们关注一下，他们认为对方喜欢的礼物会是什么样的。可以送给绿色的小鸭子一对神奇的翅膀或一朵漂亮的小花，而送给红色的小猫——有趣的玩具或靴子，如同童话故事中的那样。

想出一个善意的行为和感谢客人对很多孩子来说并不容易，同样，也需要成年人的帮助。当我们观察每个家庭表现出的某些模式时，总是觉得很有意思。有些孩子根本表现不出敌意；有些孩子不知道该说什么好听话；有一个男孩，坚持要给我的玩偶一些钱作为礼物，因为想不出别的礼物；而有些孩子想出的礼物，只会让您觉得他对别人的同情和理解很奇怪。

第二部分可以继续,您想玩多久就玩多久。通常,每个人都是满载礼物,怀着美好的心情和对对方强烈的感激之情到达终点,

该游戏不仅仅只对儿童有用。当我在家长研讨会上给家长们展示这个游戏时,家长们也很喜欢它,并争先恐后地全家一起玩,然后一起分享他们的乐趣和发现。

请将游戏融入您的生活!一切都可以成为手边的工具。游戏只需要半个小时,但结果却是令人难以置信的。

"我是一只愤怒的熊"游戏

这个游戏其实并不叫什么"愤怒的熊",每次我都会根据具体孩子的需求重新想名字。

我来解释一下规则,您可以根据自己的喜好进行改编。要考虑孩子的情绪和您自己的愿望。不管是什么游戏,兴趣最重要!

和孩子一起,我们把不同动物的名字写在小卡片上,例如熊、狮子、老虎、兔子、老鼠、麻雀、海豚等。对于年龄较小的孩子,您可以使用图片,这个游戏对年龄没有限制,它很容易被简化或复杂化,这取决于您的需求。

当您在小卡片上写下动物的名字,您需要讨论每种动物的特点。在孩子的想象中它们是什么样的?如果孩子觉

得很难说出这些动物的特点,您可以让他们想出与该动物相关的三个词。例如,兔子:跑得快、胆子小和体格小;老虎:具有侵略性、强壮和体格大。

接下来把所有的卡片放在帽子里,摇一摇,然后一张一张地拿出来,交替着发卡,一张给您,一张给孩子。

第一局

一切都很简单。您拿出自己的一张卡片,描述该动物的特点,让第二个玩家猜您抽到的是什么。等完成所有的卡片后,把它们再放回帽子。

第二局

想一想要表达的情感。如果我们想要表达的是生气的情绪,那我们就逐一拿起卡片进行描述,例如,兔子、老虎和麻雀生气时的表现,让第二个玩家猜是什么动物。等描述完所有的动物,您就可以把卡片放回帽子里。

第三局

这是最有趣的部分。您同时抽出两张卡片,一人发一张,然后开始战斗。不要说出动物的名字,要利用其特有的声音、动作和步态,然后你们互相"打斗"。重要的是要坚守动物的特点。如果在这个时候爸爸能加入游戏，评判你们行动的合理性，猜出都是什么动物并决定谁是赢家，那就太好不过了。

这个游戏乍一看很简单，但它不止一次给我和孩子们的咨询工作带来巨大帮助。我会为害羞的孩子选择合适的动物，我们一起玩得很开心，最初我们会扮演一只小麻雀和一只胆小的兔子在打架。稍后就会使用狮子和熊。害羞的女孩全不见了！而对于那些勇敢和过度活跃的孩子，我会挑选蜘蛛和青蛙。我会试着让一个爱打抱不平的男孩来描述一只愤怒的蝴蝶或一只战斗的海星。必须要有创意，而且要非常克制，不能在游戏过程中动拳头和咬人。

该游戏可以帮助您评价自己的情感，并以不同的方式表达出来。您必须观察自己，控制自己的行为，但您也可以采取一种被认可的方式去展示您的敌意，好释放紧张情绪。

"情绪红绿灯"游戏

这是一个简单而有趣的游戏，不仅有助于发展情感领域，还能教人如何及时控制和改变自己的行为。

您需要一些带颜色的物体（您可以用彩色纸板剪出圆圈，或者干脆拿彩笔或玩具）和一个自由空间。

游戏有两个版本：首先我建议先掌握第一个版本，然后才开始第二个版本。

第一个版本

给每种颜色指定一个动作：红色表示停，黄色表示缓慢行走，绿色表示跑。从三种行动开始，然后逐渐增加更多的行为。我和一个小男孩（他只有三岁）居然玩到了12种颜色！每一种特定的颜色代表特定的动作：爬、跳舞、蹲、鱼贯而行等等。

例如，当您展示绿色时，您就开始跑。然后突然换成黄色，孩子必须及时做出反应，放慢速度；然后突然展示红色，必须及时停止。请随机改变颜色，每种颜色展示的时间从三秒到一分钟不等。要让游戏充满惊喜。游戏的意义在于：孩子必须有时间来确定，并以正确的行动来回应特定的颜色。

如果您参与其中，孩子就会更好地投入到游戏中：不仅要展示颜色，还要和孩子一起重复所需的动作。

逐渐使游戏复杂化，在您和孩子能记住的范围内使用尽可能多的颜色和相应的动作（不得不说，儿童往往比成人更会玩这些游戏）。

第二个版本

当孩子学会了快速反应,并且在不犯错的情况下能按照颜色的变化改变自己的行为时,就可以进入第二个版本了(不一定要在第一个版本结束后的同一天立即进行)。

现在,对于每种颜色,您需要的不是身体动作的反应,而是某种情绪状态的反应。针对红色,您可以生气和跺脚;黄色——难受和悲伤地低下头;绿色——害怕,等等。请包含各种情绪。孩子越大,可以使用的情感就越复杂。

在这一版本中,您需要延长使用一种颜色的时间,因为从一种状态快速切换到另一种状态,即使是在游戏中,也是非常累人的。

对我们而言,重要的是不仅要培养孩子的情商,而且要给您自己的情感一定的空间,所以您也一定要参与到游戏过程中。如果你们不仅能做到展示不同的情绪,还能相互交流,那就太好不过了。例如,当展示红色时,你们可以互相生对方的气;当展示黄色时,你们可以一起难过。

角色扮演游戏

对于许多妈妈而言,这是一件让人头痛的事情。通常,正是这种类型的游戏会引起最大的麻烦。我通常听到的是,妈妈对游戏不感兴趣,她们不知道该臆想一些什么，也不知道如何做出正确的反应。

作为安慰，我认为，这一切都没有必要。角色扮演的游戏对孩子而言，的确是一项非常重要的技能。在某些情况下，需要花点功夫帮助他们掌握这个游戏，但一般而言，应该和同龄人一起来玩，以满足游戏的需求，而妈妈的重要任务是提供一个场所。但如果因为您住得比较远，或者不好意思去其他孩子家做客，您的孩子没有朋友，那您就得重新考虑这种情况了。还是要帮助孩子寻找一个玩伴，因为取代他的同龄人是不可能的，否则游戏不会对任何人起作用。如果一个成年人感到无聊，这也是正常的。

对于我们而言，在角色扮演的游戏中有很多可能性，所以我将为您内心的小女孩提供多个选择，或许，您会愿意尝试一下。

在孩子的游戏中我们可以看到他们的整个内心世界，就如同在一个开放的舞台上，孩子此时此刻在让他兴奋和不安的场景中扮演着自己的角色。从这个意义而言，游戏就像梦境一样，孩子在大脑中加工获得经验，然后重新编排，重新评价，最后以新的方式进行架构。

这些游戏也以复杂的象征性方式反映了您与孩子的关系。您不能从表面去解读这些关系，但通过参与游戏，您可以调整你们的现实关系：在游戏中给予孩子表达感情的机会，也给予自己向孩子表达情感的机会。您不必害怕孩子会将游戏信以为真。如果孩子要追杀罪犯，要杀死他们，并邀请您和他一起玩，不要认为他在攻击性方面有问题，并认为这与您有关系。当然，也有一定关系。但是，你们在游戏中和怪兽作战，这和孩子的现实情况有什么关系？不要试图解释和有意识地控制这些游戏，试着沉浸其中就可以了。请您相信您的孩子，他的想象力引导您去哪里，您就去哪里吧。

下列的这些游戏规则将会使您更加自信和自如。

1. 请抛开道德说教！游戏的目的不是为了展现您善良和美好的一面，文学作品和您都可以作为榜样以达到这个目的。如果您的孩子喜欢打斗，那就不要一个劲地试图将他引向和平的方向；当他只想和恶龙交战时，不要强迫他去拯救公主。这并没有什么可怕的，请倾听自己的声音，扮演好自己的角色。您也可以做您想做的事，邀请孩子加入您设想的情节中，以开展您的游戏。如果孩子愿意，他会加入的，如果孩子没有加入您的游戏，那您就要听从他的指挥，站在被动的立场上。

2. 请表达自己的情感！这对您来说可能是一个很好的奖励。您内心的小女孩一定会喜欢它：当我让自己从用平静和中立的声音说话的"老师"角色跳出来时，我感受到了前所未有的放松,让自己真正进入游戏吧:当海盗、罗宾汉、公主等;可以大喊大叫、提各种要求、与孩子意见相左、兴高采烈、战斗——这一切都是真实的。如果您能做到这一点,游戏将会非常有趣,而且有助于治愈许多方面的问题。如果您真的想扮演负面角色,请不要有任何顾虑,因为我们必须要在某个地方展示自己的阴暗面。

3. 请说出您扮演的人物角色的情感,就像对孩子所做的那样。在角色扮演游戏中事况不断:有人绑架了某人、有人拯救了某人、有人治愈了某人,人物互相拜访做客,互相责骂,然后和好。如果您能定期评论这些情感,孩子就能在一个新的水平线上吸收所获得的经验。

4. 如果您的孩子还没有做好自己想出这样游戏的准备,您可以借助生活场景来帮助他。除了医院和学校,还有许多其他故事的场景。我将为您提供我最喜欢的场景,您可以将其提供给您的孩子,诸如参加生日聚会、野餐、搬到新的城市并和邻居结识、去动物园探险、去乡下旅行、参加各种比赛、去咖啡馆、建造城堡、逛商店、和外星人会面、去雨林旅行、做才艺比拼、扮演爸爸(他如何去工作和他做什么)、扮演妈妈等等。

5. 当然,您也可以借用童话故事的情节。角色扮演游戏最简单有效的方法就是把现成的故事情节拿出来演。回想一下最喜欢的动画片或童话故事，然后去演，很快您就会按照自己的想法去发展自己的故事了。

然而，角色扮演游戏非常重要的一个原则是：它应该是本能的。如果您不想参与，请不要强迫自己，这对您和孩子而言都是如此。但如果您在其中找到了自己的兴趣和乐趣，那这个游戏将对你们的关系大有裨益，对孩子的情感发展也大有裨益。

本能的创造性游戏

孩子所有本能性的活动都可以成为你们的共同游戏。如果您有这种冲动，请随时参与进来，把普通的有益活动变成热情洋溢的共同消遣。当然，方法很多，最主要的是要为自己创造机会并抓住机会。在这里我只提供几个最常见的方法。而作为一种共同的情感活动，您想使用什么方法都可以。

画画

不要拿一张小的绘图纸，而是要拿一张大的。请按照顺序依次进行绘画创作，不断增加新的细节，并将其融入到一个完整的情节中。当孩子画了一辆汽车，那您就画一只栖息在引擎盖上的小鸟；当孩子画了一场暴雨，那您就画一个撑伞走在雨中的男孩。一起在画纸上展开这个故事，让故事充满感情且富有趣味！

捏彩泥

尝试塑造不仅仅只是小狗和小猫的形象，请塑造由一个故事联系在一起的系列人物形象。彩泥可是非常好的游戏材料啊！请回想一下游戏"饼"，我们可以使用这个游戏的一些元素，例如，你们可以互相打、到对方家做客、互相交流。我曾经和一个小女孩一起用彩泥制作了一个世界，充满了神秘和惊险。

建房子

捉迷藏和建房子都是促使情感互动的好方法。可以利用手边的东西（例如椅子、垫子、毯子、纸板、所有大的物件）搭建一个小屋，然后在它周围开展游戏活动。妈妈可以扮演一个非常可怕的角色，而孩子则要躲避妈妈跑到一个安全的藏身之地，然后再交换角色。孩子也可以从妈妈那里"偷"一件物品，和它一起躲起来，而妈妈会"生气"并展开调查。在房子里不仅仅可以玩捉迷藏的游戏，还可以将房子作为躲避洪水和自然灾害的庇护所。请发挥您的想象力，去想象不同的故事情节吧！

身体活动

这是最简单的一件事情。我觉得，您经常会玩这样的游戏。老鹰捉小鸡、挠痒痒、"我要把你吃掉""我要把你偷走"——所有这些，对于孩子而言，都是喜欢的游戏项目。

我经常会听到妈妈们对这些游戏的顾虑：会吓到孩子或说一些不对的话。请再勇敢一点，尤其是对孩子们！这是表达情感最简单的方式。要以孩子为中心，如果孩子觉得很可笑，那说明一切都是正确的。

上面提及的温尼科特曾经说过，要允许妈妈去处理自己的阴暗面以及对孩子带有敌意的冲动。"可能，妈妈唱的摇篮曲对妈妈也会有所帮助，孩子也会听得津津有味，尽管孩子听不懂。"温尼科特还记录了妈妈对婴儿唱的充满敌意的摇篮曲（幸亏婴儿听不懂），在我们的语言中，它对应的是一首关于大灰狼咬人的摇篮曲。

上述的这些活动游戏起到了同样的作用。咬、追、抓、啃和其他由妈妈以玩笑形式完成的所有动作，都有助于向孩子表达积累的情感，而这些情感是无法通过其他体面手段来体现的。

第十五章
"禁止和允许并行"原则

在我们看来,孩子不当行为的产生往往不是因为他要故意破坏规则或是做一些事情报复自己的妈妈,而只是为了满足自身的发展需要。父母要认识到这些行为并以正确的方式作出回应,这是非常重要的。

临床心理学家彼得·福纳吉在自己的文章中这样写道:"如果幼儿的自我表达不断被压制或被误解为敌意的话,那他的自我表达就会与敌意融合在一起,从而导致日后会常常从破坏性活动中获取病态的快乐。"

什么叫自我表达?让我给您举个例子。

孩子可能会扔小汽车,因此惹恼父母。父母觉得,孩子的行为具有敌意,他不珍惜自己的玩具,忽视了父母的关爱(要知道父母很努力,买了礼物送给他们)。父母很想培养孩子尊重他人劳动、爱护他人物品的品质,因此责骂了孩子,批评他说,他表现得不好。但实际上,在这种情况,孩子可能只是想要锻炼一下自己的投掷技能,这是一个非常重要的发展过程:协调行动,建立手—眼系统,这对他未来的书写和其他技能大有裨益。

明确孩子的目的很重要。您的孩子真的想伤害他人吗?还是,他只是在探索事物的特点和他周围的世界?如果妈妈能学会向自己提这个问题并诚实地回答,那就会大大减少愤怒的情绪,孩子也将有机会区分"自我表达"和"敌意行为"之间的差别。

然而,有办法制止孩子扔玩具和其他不愉快的行为吗?我建议采取"禁止和允许并行"的原则,其内容如下:

孩子的一些行为虽然很让妈妈生气,但对其自我发展和自我认知很重要。此时重要的是要和孩子交谈(您可以使用四步法的第一步),他喜欢这样做,他做得很好,但是很遗憾,这样做是不允许的。之后要给孩子提供一个替代方案:他可以以允许的方式做相同的事情。

一位妈妈抱怨说自己两岁的女儿总喜欢把她的东西从柜子里拿出来(这是一节在线课程的家庭作业),这让她很生气，因为有很多小的物件，之后要花很长时间才能回归原位。后来这位妈妈想出了一个完美的解决方案。一天，在她表扬完女儿干事情的投入精神后，她为女儿提供了另外一个环境以从事相同的活动：她让女儿看了厨房橱柜的底层，里面放着很多大的锅具，女儿可以把它们拿回来，逐一展示，就像妈妈柜子里的东西一样。女儿兴高采烈地将注意力转移到了这件事情上，而且之后妈妈也会很轻松地将这些锅放回原位。

我们设计了一整套方案来帮助一些家庭解决不希望发生的行为，下面我将告诉您一些最常用的办法。

"攻击"游戏

我建议当孩子不合时宜地表现出活跃行为时开展这个游戏。

我和一个有两个孩子的家庭一起想出了这个游戏。这个家里的俩兄弟经常打架，大儿子经常对所有家庭成员表现出敌意行为：推、拉并拼命跑个不停。他的行为自然会惹妈妈生气，简直快把她逼疯了。然而，这个小男孩并不坏，他也不想伤害他周围的人，他只是习惯了这种交流方式，每次玩的时候都会使用身体的蛮力。

我们制定了一个规则，注明了所有的特殊情况。

每当这个男孩开始行动并"攻击"到其他家庭成员时，他都会被友善且坚决地制止，与此同时还会提供给他一个替代方案，即"攻击"游戏。渐渐地，当他感觉自己需要使用身体的蛮力与他人接触时，他就学会了慢下来，还会自己开始做游戏。

需要标明游戏最低限度的原则和一些特殊条件。请注意环境的安全并准备好一定的空间，避免游戏被不断的警告和禁止措施干扰，当然，您还需要一些备品。

1. 一个可以挂在墙上的标志。它的出现表明游戏要开始了。例如，它可以是一个红色圆圈中的惊叹号。如果孩子能自己绘制图案就更好了。

2. "标志性服装"。可以使用海盗头巾、专门的 T 恤或手环。这些备品品赋予了游戏附加的意义，并有助于界定游戏的界限。

3. 计时器或沙漏。确定一个适当的时间，对于积极的体育活动而言，15 至 20 分钟完全足够。

只有当所有的物品都各司其职时，游戏才能开始。游戏结束后，就要将它们收起来。这可以让孩子准确地感受现实生活和游戏情境之间的界限，并进一步强调父母的基本想法：在正常生活中是禁止的，但在特殊的、组织好的条件下是允许的。

当所有的准备工作完成后,就可以开始行动了。您可以自己决定游戏的内容。例如,用枕头攻击对方,与对方"开战"。如果能一家人一起来玩,那就更好了!妈妈和爸爸可以积极参与其中,享受互相利用柔软物品攻击对方的乐趣。

我们只有一条规则:禁止打脸,如果其中的一个参与者感到不舒服时,他可以随时喊停。

您可以使用适合孩子需求的任何柔软的物品,你们可以对战,可以用力互相挤压对方,乱扔东西……总之,做所有其他时候完全不受欢迎的事情。这个游戏不一定是和敌意相关,您可以借助这个游戏纠正孩子很多不适当的行为。

通过这种简单而有趣的方式,我们实现了一个重要的目标:帮助孩子接受和遵守行为规则,与此同时也满足了他的需求和愿望,而这些需求和愿望正是造成他不听话的主要原因。

"起外号"游戏

这并不是一个容易玩的游戏,但在某些情况下效果不错。如果说在上一个游戏中我们针对的是孩子的身体行为,那么这个游戏我们针对的则是孩子的语言交流。

孩子可能会给别人起外号，会使用一些"不正确"的词语，可能会骂人或使用一些寄生词。当然，这种行为背后有更深层次的原因，我们现在不可能详细分析。例如，在4—5岁时，许多孩子进入了"性器期"，这时孩子会不合时宜地使用与生理表现有关的词语。这并不是因为他们不懂礼貌，而是因为他们对自己的生殖器官很感兴趣。当然，需要通过解剖学和性教育的儿童书籍来满足他们的发展需求。但有时使用"不正确"的词语的确会变成一种坏习惯，虽然这对于孩子的发展是必须的一个过程，但这个过程往往会激怒父母。

"起外号"游戏与"攻击"游戏类似。您需要制定规则，并确保使用一些道具。这个游戏需要5—10分钟。游戏规则如下：孩子只要使用了"不正确"的词语就得停，建议发挥整个过程的作用。

你们相对而坐，互相给对方起外号。我建议使用一些物品的名字，比如说胡萝卜、椅子、铅笔等。虽然这个游戏看起来非常可笑，但却会给参与其中的人带来令人难以置信的满足感和轻松感。"你是个垫子！""你是个胡萝卜！"……还可以加入一些孩子使用的寄生词——这取决于您。但是一旦我们开始在游戏中使用这些词语，那么在日常生活中就必须禁止使用这些词语。

第五部分　创造力是暴力的对立面

　　一旦您了解了孩子的行为，并采用了"禁止和允许并行"的原则，您就可以发明出任何游戏，比如说"大喊"游戏、"欺负"游戏、"扔东西"游戏等等，从而委婉地纠正孩子的行为。

结　论

　　您现在已经掌握了一整套特别的心理学方法，这本身就已经是一件好事了。是否使用取决于您个人。您可以选择您最喜欢的一个原则，或者只是局限于其中的一些原则。也许，有些想法会为您的想象力插上翅膀。如果能这样就太好了，也不枉费本部分标题中选用"创造力"一词。

　　上述所有游戏只不过是按照我的意愿构想或改编的：当我为某个孩子提供咨询工作时，我会觉得这正是我们需要的。之后，我会把我的方法提供给其他家庭。这些游戏在一些家庭获得了百分之百的成功，而有的家庭则想出了自己更有效的方法。

　　我想让您明白一件事情，游戏并不是一件苦差事。

　　1.您有权利不参与游戏，这很正常。也许您更愿意在公园里散步或抓蚱蜢，也不愿画画，不愿意玩一些奇怪的游戏。请您听从您内心小女孩的心声，她不会向您建议不好的东西。去公园散步、爬山、看电影、讨论发生的事情、读书——这也是创造！我们的目标就是催生本能和促进情感的接触。

2.如果您想使用我建议的方法，请随心所欲地改变它们。您不必每次都对照规则，思考自己做的是否正确。如果您和孩子都很喜欢，那肯定是对的！

3.要真诚，要考虑自己的想法，特别是在角色扮演游戏方面。请尝试以一种最大限度去享受的方式参与到游戏中。如果您能暂时忘掉孩子，并推动自己故事情节的发展，那就说明您成功了。

结 语

我们一起走过了漫漫长路,我非常感谢您对我的信任并让我为您指明方向。

我知道我写的很多东西会引起争议,似乎也有些矛盾的地方,而且也并不是都可以理解,但我相信这一切都已经在您的灵魂中沉淀并发挥作用。和所有人一样,让我觉得遗憾的是,我们不能喝下一种神奇的药剂,在第二天早上醒来后立即变成最善良、最快乐的妈妈。相反,您必须分析自己,"翻箱倒柜"地寻找原因,虽然最终也并不总是明白如何纠正后果。

作为安慰我唯一可以说的是,在某种程度上每个女人都必须这样做。不要相信那些所谓的言论:"一切都很容易、很简单""我从不生气,也不喊叫。""我完全不明白为什么您会有这样的困难。""您一定是做错了什么,您把孩子毁了。"……说这些话的人还没有准备好去发现自己的阴影，他们还不能面对真正的现实。

从女孩到妈妈的转变是最艰难的，做妈妈必然会触发对一个女人影响最大的过程，这就是为什么会产生那么多的情感，生活为什么会发生如此巨大改变的原因。但请让我们试着从另外一个角度来看待这个问题。

当我们进入最深的那一层时，我们总能找到宝藏，无论是在隐喻意义上，还是在最平凡的日常意义上。做妈妈让您看到生活中隐藏的一面：突然间您会注意到以前没有注意到的环境，在其中发现以前没有体验过的情感和感受。做妈妈的目的不是为了让孩子在某一时刻能自己吃饭，自己收拾玩具。两个人——母亲和孩子——紧密交织在一起，这一组合的目的就是为了促进他们之间的相互转换并让内心变得丰富充实起来。

通过您的行动和反应，您身边的"小葫芦"会变成美丽的王子或公主。您能完全理解这一点吗？奇迹发生了：孩子在温暖和关怀的滋养下成长起来，成为一个成熟而完整的人，而这一切都归功于您！您的无数个不眠之夜、难以置信的耐心和伟大的爱让小家伙找到了发展其个性的力量。

但是，您也伴随着孩子从一个女孩变成了一个智慧的

结 语

妈妈。这并不意味着折磨和永远放弃自己内心的实质,请记住这一点,我在前面已经说过。但是,现在请尝试充分理解这句神奇的话:一个智慧的女人和一个智慧的妈妈应该是非常善良、有深度、充满着意义和神奇力量的,能给予孩子爱,能让孩子得以发展,并能让孩子在生活中具有无限的创造性。

这就是您。您给予了孩子生命,而孩子让您蜕变成这样。

我想,正是这个原因促使我写下了这本书,这本书中的方法论和具体的方法只是帮助您与孩子互动的补充性工具,其他一切,诸如您的情感、阴影、创造性的力量和伟大的爱,所有这一切都早已根植在了您身体内。

我们就此告别,期待下次再见。您可以随时给我发邮件,分享您的想法、见解或意见。

电子邮件:lliiddaa@mail.ru

Instagram:@mamam.tut

致　谢

　　诚挚感谢与我一起工作的所有人，感谢曾经作为儿童心理治疗师或辅导员一起工作的所有人。很遗憾，我不能一一列举所有病人的名字，也不能面对面去感谢他们，但正是和他们的亲密接触，才促使了本书的诞生。感谢他们每天都在帮助我，让我在内心深处找到了自己的宝藏。

　　诚挚感谢我的亲人们，正是他们给予了我巨大的支持。感谢我的父母和哥哥们，他们一直是我心灵上重要的支持者。感谢亲爱的朋友们，正是他们督促我的写作不断加快进程，他们还给予了很好的评论，并进行了编辑。感谢所有那些心怀大爱的人们，他们一直在我身边，用他们的写作范例激励我，让我的创作可以勇敢地坚持下来。

　　非常高兴，在过去的几年里一直与我的同行——主管和心理治疗师——保持着紧密的沟通，感谢他们对我的

致　谢

帮助。

　　我还想特别感谢我周围的一切：我的家庭、不同的城市、不同的国家、各种交通工具、咖啡馆、偶遇的伙伴，这一切其实都无形地在我的书中发挥着微妙的作用。